铁路工程项目管理与运输研究

徐欢　刘秀苗　张麟琛 ◎ 著

吉林科学技术出版社

图书在版编目（CIP）数据

铁路工程项目管理与运输研究 / 徐欢，刘秀苗，张
麟琛著. -- 长春 : 吉林科学技术出版社，2023.5
ISBN 978-7-5744-0503-5

Ⅰ. ①铁… Ⅱ. ①徐… ②刘… ③张… Ⅲ. ①铁路工
程－基本建设项目－项目管理②铁路运输管理 Ⅳ.
①F530.31②F530.1

中国国家版本馆 CIP 数据核字(2023)第 105697 号

铁路工程项目管理与运输研究

作　　者	徐　欢　刘秀苗　张麟琛
出 版 人	宛　霞
责任编辑	赵　沫
幅面尺寸	185 mm×260mm
开　　本	16
字　　数	223 千字
印　　张	10
版　　次	2024 年 7 月第 1 版
印　　次	2024 年 7 月第 1 次印刷

出　　版　吉林科学技术出版社
发　　行　吉林科学技术出版社
地　　址　长春市净月区福祉大路 5788 号
邮　　编　130118
发行部电话/传真　0431-81629529　81629530　81629531
　　　　　　　　　　　81629532　81629533　81629534

储运部电话　0431-86059116

编辑部电话　0431-81629518

印　　刷　北京四海锦诚印刷技术有限公司

书　　号　ISBN 978-7-5744-0503-5
定　　价　60.00 元

前　言

作为国家的重要基础设施、大众化的交通工具，铁路在中国综合交通运输体系中处于骨干地位。随着铁路运输工程的全面发展，铁路工程项目管理工作也进入了跨越式发展的重要阶段。有效的铁路工程项目管理是影响铁路运输工程质量的一个重要因素，因此只有确保铁路工程项目管理更好地实施，才能够促进铁路在社会效益提升中起到更重要的作用。

基于此，本书以"铁路工程项目管理与运输研究"为题，从阐述我国铁路的历史沿革入手，介绍我国铁路的发展概况与展望、铁路运输的信息化管理策略；分析铁路工程项目的招投标与合同管理、铁路工程项目的采购与物资管理、铁路工程项目的精细化管理体系构建；接下来讨论信息化技术在铁路工程项目管理中的应用、PDCA循环在铁路工程项目管理中应用分析、BIM技术在铁路工程项目管理中的创新应用；然后对铁路信号与通信、铁路车站与枢纽、铁路电力与给水系统进行论述；接下来探讨铁路运输的行车组织、铁路运输的客运组织、铁路运输的货运组织、铁路运输安全技术与管理；最后阐述铁路运输调度的任务及工作制度、铁路运输的车流调整与调度轮廓计划、铁路运输调度指挥高质量发展优化。

本书从多个角度切入主题，详略得当，结构布局合理、严谨，语言准确，在有限的篇幅内，做到内容系统简明、概念清晰准确、文字通顺简练，形成一个完整的、循序渐进的、便于阅读与研究的文章体系。

本书的撰写得到了许多专家学者的帮助和指导，在此表示诚挚的谢意。由于笔者水平有限，加之时间仓促，书中所涉及的内容难免有疏漏与不够严谨之处，希望各位读者多提宝贵意见，以待进一步修改，使之更加完善。

目 录

第一章　铁路发展与运输策略

第一节　我国铁路的历史沿革

"交通运输是指劳动者使用运输工具和设备,实现人和物空间位移的有目的的生产活动,是人类社会生产,经济文化建设中一个重要环节,现代化的交通运输业包括铁路、水运、公路、航空和管道五种基本的运输方式,其中,铁路运输占有很大的比例。铁路运输业是一个独立的特殊的物质生产部门,是发展国民经济、提高人民物质文化生活水平的重要基础设施。"[①]

中国铁路在发展浪潮中主要经历了以下六个阶段:

第一,开创时期(1876—1893)1876年,中国第一条营业性铁路——上海吴淞铁路建成通车,距今已有100多年的历史,这也开创了中国铁路的先河。

第二,缓慢发展时期(1894—1948)铁路虽作为国家的基础产业、国民经济的大动脉,但在发展前期极为缓慢,总共修建铁路约1.3万km。1909年,中国自主设计和施工建造的第一条铁路干线——京张铁路建成通车。

第三,抢修恢复时期(1949—1952)中华人民共和国的成立为铁路事业的发展开创了新的道路,国家开始对铁路进行抢修恢复,铁路事业得到迅速发展。1952年,新中国第一条铁路——成渝铁路建成通车,全国铁路营业里程增加到2.2万km。

第四,铁路骨架基本形成时期(1953—1978)1953—1980年,中国铁路经过5个"五年计划"的建设,取得了辉煌的成绩。至1980年底,铁路营业里程达4.9万km,客货换算周转量达7087亿t·km。

第五,中国铁路新的发展时期(1979—2002)自党的十一届三中全会以来,国民经济步入新的发展时期。至2003年底,中国铁路达到7.3万km,居亚洲第一,世界第三。

第六,蓬勃发展新时期(2003年至今)2003年建成运营的秦沈客运专线,全线设计时速达到200～250km,这是中国第一条真正意义上的高速铁路,也标志着中国进入高速铁路时代。

---

① 张安迪,王琦玮,许国雄.中国铁路发展[J].才智,2013(5):308.

第二节　我国铁路的发展概况与展望

一、中国铁路发展概况

（一）路网规模引领世界

1. 具有完整的机车车辆谱系

（1）客运。①速度160km/h及以下客运机车：内燃机车、电力机车。客运车辆：22型车辆、25型车辆。动力集中动车组：CR200；②速度200～300km/h动车组：CRH1、CRH2、CRH3、CRH5、CR300；③速度300km/h以上动车组：CRH380A、CRH380B、CRH380C、CRH380D、CR400。

（2）货运。①速度160km/h及以下货运机车：电力机车、内燃机车。货运车辆：敞车、棚车、平车、罐车等；②速度200km/h以上货运动车组：以客运动车组为平台进行改造。

2. 铁路客货列车保有量逐年增长

全国铁路货运机辆保有量、铁路客车和动车组保有量逐年增长；铁路货运机辆保有量稳中有升。

（二）动车组整体水平国际领先

中国标准动车组命名"复兴号"并实现时速350km运营，树立起世界高速铁路建设运营的新标杆，该动车组具有八大优势：

第一，整体设计及车体、转向架、牵引等关键技术具有国际领先水平。

第二，在254项重要标准中，中国标准占84%。

第三，覆盖全速度系列。350km/h等级的CR400、250km/h等级的CR300、160km/h等级的CR200。

第四，寿命更长。设计寿命30年（"和谐号"设计寿命为20年）。

第五，身材更好。列车阻力相比既有CRH380系列降低7.5%～12.3%，人均百公里能耗下降17%左右。

第六，安全性更高。全车部署2500余项实时监测点，采集各种车辆状态信息1500余

项；可自动报警或预警，并能根据安全策略自动采取限速或停车措施。

第七，舒适度更高。空调系统充分考虑车外压力波的影响，减小通过隧道或列车交会时旅客耳部的不适感；可提供不同的光线环境；Wi-Fi全覆盖；增加列车高度和座位间距。

第八，互联互通性。不同生产厂家、不同技术规范和图纸生产的动车组，能重联运行和完全一致地控制操作；统一了零部件标准，实现了零部件可互换。

（三）中国铁路走向世界

中国正将铁路数十年的发展成果与经验同世界进行分享，展现"中国速度"的非凡魅力。同时以中国铁路技术助力全世界铁路发展，并开展了一大批重大项目建设，包括坦赞铁路、蒙内铁路、亚吉铁路、中老铁路、印尼雅万高速铁路等项目。

（四）总体技术世界先进

以高速、高原、高寒、重载铁路发展为依托，工程建造、装备制造、系统集成等创新成果显著，自主发展能力与核心竞争力不断增强，中国铁路总体技术水平进入世界先进行列。

二、我国铁路的技术发展展望

（一）更快：400km/h及以上更高速的研究与应用

国内轮轨交通的最高运营速度为350km/h，中铁二院设计的莫斯科至喀山高速铁路设计速度400km/h，是全世界设计时速最高的铁路。我国上海高速磁浮是目前世界上唯一运营速度大于400km/h的轨道交通，最高运营速度430km/h。

为进一步提升陆地轨道交通的速度，填补现有高速铁路（350km/h）与航空运输（800～1000km/h）之间的速度空白，世界各国均在"更快"的轨道交通领域开展技术研发。经过国内数十家科研院所的攻关，国内首辆600km/h高速磁浮样车已于2019年下线；日本研发的高温超导磁浮列车的测试速度已达到603km/h，正在积极推进东京品川—名古屋—大阪的磁悬浮中央新干线，最高速度500km/h，预计将于2027年开通运营。

此外，针对低真空管道（隧道）超高速磁浮技术，中美两国正在从原理技术层面进行深入研究。

（二）更重：轴重30t以上重载铁路的研究与应用

我国重载铁路技术已经达到世界领先水平，构建了涵盖不同轴重等级的重载铁路技术

体系，系统掌握了30t轴重重载铁路机车车辆、线路设施关键技术。大秦铁路普遍开行2万t重载组合列车，完成3万t重载组合列车开行试验，年最高运量突破4.5亿t，成为世界上年运量最大的重载线路；首列30t轴重万吨重载列车已于2014年在朔黄铁路开行；线路长达1800km的浩吉铁路于2019年正式开通运营，是世界上一次性建成投入使用里程最长的重载铁路。

随着技术的不断发展，我国重载铁路技术已进入系统提升及大规模推广应用阶段，后续研究重点主要体现在重载铁路养护维修技术、重联编组列车牵引制动控制技术、径向转向架技术、更大轴重及复杂环境重载铁路建设技术及设计、施工、运营、维护技术的创新性突破等方面。

（三）更难：高危险环境及更多环境的研究与应用

随着东部路网的不断完善，中国铁路建设主战场逐渐向中西部地区转移，以川藏铁路为典型代表的西部铁路网规划建设项目多处于复杂艰险山区，区域地形条件复杂、自然环境恶劣。复杂艰险山区铁路需要克服高山峡谷等复杂地形，还要预防各种地质灾害，例如具有山区高海拔特点的川藏铁路工程就面临着地表高寒、隧道高温等难点。

高温、高寒带来的大温差以及高差显著的地形条件使得山区铁路建设遭遇巨大挑战，也使得常温、低海拔环境下运行的轮轨铁路不能完全等同运用到该复杂场景，各项技术、装备均须进行针对性的研发与创新。

另外，近年来中国铁路逐步走出国门，由于海外和国内市场的差异性，应根据国外习惯和环境特点开展线路设计，结合实际的运营环境研发更适宜的车辆、装备，如适用于热带丛林、气候湿热、降雨量大、施工环境差的东南亚地区的车辆、装备等，这对中国铁路技术的不断创新提出了新的挑战。

（四）更新：高水平轨道交通技术、装备的研发与应用

将轻量化、新材料，卫星遥感、无人机、5G通信、大数据、人工智能等技术与铁路技术结合并推广使用，开发新型的轨道交通装备与车辆、提高装备技术水平，以更好地满足铁路发展与建设，是铁路技术后续一段时间内发展的总体趋势和应遵循的宗旨。

如车体轻量化，包括铁路车辆建造的轻量化（高分子、复合材料等）以及铁路车辆内饰的全新功能性材料；卫星遥感、无人机技术等可帮助解决铁路项目勘察设计中面临的实际需求，辅助地形勘测、地质资料获取等；5G技术可有效提升列车故障率的检测和保障列车运行的安全性；铁路大数据应用可为客货运输、基础设施检测、动车组管理、工程建设等提供指导等。

（五）更广：实现功能、车型、运营组织模式的转变

西部地区经济发展与群众出行急需大运量、全天候的铁路，但受人口、自然环境、经济、产业等条件制约，西部地区建设轨道交通的经济效益较差，想将铁路修建到中国西部山区的每一个县城，预计在相当长的一段时间之内都很难实现。

为改变西部地区铁路建设处于落后状态的局面，需要考虑从理念上进行转变与创新。改变传统铁路的单一功能定位与运输组织模式，提升铁路服务的覆盖面与吸引力。如将运输与旅游相融合，打造多样化的铁路产品；实行客、货物资的共车、共线，满足铁路客货运输功能；开行度假专列，打造轨道上的豪华酒店等。既可促进山区经济发展，又能带动铁路产业。

此外，近年来国内兴起的齿轨铁路，可有效解决轮轨铁路爬坡能力不足的问题，实现了传统特定坡度特性车型的理念突破，使铁路沿陡峻地面修建成为可能，可大幅减少桥隧等重点工程，降低工程建设难度和投资。

第三节　铁路运输的信息化管理策略

"伴随我国经济的快速发展，铁路运输的发展进程不断加快，在铁路运输发展的过程中，实现信息化管理模式至关重要。信息化时代的到来，铁路运输的信息化管理已经成为时代发展的必然趋势。"[1]

在铁路建设发展领域中，铁路运输的信息化管理是国民经济信息化建设的根本内容之一。由于铁路运输具有十分明显的特点，在运输的过程中会贯穿国家社会和经济信息的整个路程，并在一定程度上影响其应用和发展动向，因此只有确保信息化管理更好地实施，才能够实现对相关信息的有效处理，从而将更多的铁路运输信息资源和流向开发充分利用，以此促进铁路在社会效益提升中起到更重要的作用。

当前铁路行业的发展十分快速，并且规模在逐渐扩大，针对铁路运输过程中产生的众多资源，只有通过信息化的管理才能实现更加全面和高效的管理。

一、发挥有关部门在信息化管理建设中的积极作用

"铁路运输系统在我国的运输产业中占有举足轻重的地位，如何在信息社会的新形势

---

① 蔡明岐.新时期铁路运输信息化问题研究［J］.科技展望，2015（5）：7.

下抓住机遇，实现经济效益与社会效益的'双丰收'，已经成为目前亟待解决的问题。"[①]应当充分发挥出铁路运输有关部门在信息化管理建设中的积极作用，具体而言包括以下方面：

第一，加大对运输信息化基础环境的建设力度，例如，制订全路性运输信息化管理规划、开展运输关键技术研发等。

第二，促进运输公共信息平台的建设，深入开展与铁路运输相关的活动，并实现对各项相关信息资源的开发，在相关领域当职，能够实现资源共享，从而发挥铁路运输企业的整体优势。

第三，加大信息化管理的标准化和规范化建设力度，在管理过程中，相关标准都做到全程统一，并且与国家标准相连接。铁路运输有关部门应紧跟时代发展步伐，重视信息化管理，并不断优化。管理过程中充分发挥自身主观能动性，将市场需求作为重要导向，通过合理的管理机制促进铁路运输信息化管理的发展。

第四，提高铁路运输再造业务管理中对顾客与业务需求关注度。为实现铁路运输信息化管理的可持续发展，必须在充分满足铁路运输业务发展需要的基础上，针对具体管理工作内容进行调整。由于在铁路运输的过程中再造业务的管理会涉及大量的信息，因此从这一方面入手对管理方法进行优化能够取得更加理想的成效。

在优化过程中，应当从提高铁路运输再造业务管理中对顾客与业务需求关注度的角度出发，综合当前运输市场的需要，将提升铁路运输竞争力作为发展目标，实现对管理方式的进一步优化。在这一目标下，管理的最大成效已经不再是实现铁路运输利润的最大化，而是应当将用户满意程度作为评定管理方法应用是否合理的指标。针对各项管理工作的优化应当关注到业务实际需要，并在此基础上，充分关注铁路运输信息化管理的输入、输出结果增值和效率，将管理中存在的无效流程剔除，促进管理效率的提升。

二、以任务为导向对信息化管理流程整合优化

针对当前铁路运输信息化管理现状，可从以任务为导向对信息化管理流程进行优化的角度入手，实现对其各个管理体系的整合。

在现有管理模式中，管理工作的分工使各个部门都具有不同的职能，在相同的时间中，只能够由一个部门完成某一特定的管理工作内容。将任务作为管理工作开展的基本导向对管理流程进行改进能够打破现有各个管理部门的界限，由一个工作组完成业务的所有步骤，从而实现对管理资源的优化配置，进一步提高信息化管理的效率。

在以往对铁路运输进行管理时，由于涉及对全路范围的运行和调配，因此必须在明确

---

① 段兵. 铁路运输信息化的管理研究 [J]. 中国电子商务，2014（10）：45.

运输计划的条件下，才能够执行各项工作任务，根据站内现有运输空车数量由运转部门发送申请配车请求。在这一过程中会消耗大量的时间用于申请和等候，为了能够提高车辆的利用率和管理效率，可以考虑采用将部分管理流程并联的方式，在实现对信息预报能力的基础上，保证各个环节快速连接。

在管理过程中将客户的需求作为管理中的任务导向之一，在充分满足客户需求的情况下，针对各项铁路运输信息进行综合处理，并将处理后的信息应用到各个管理环节中，以此进一步体现管理的信息化。在实际应用中，由于现有管理流程基本是串联式的模式，需要消耗大量管理时间，针对这一问题进行优化，提升整个管理体系的受理速度和效率。

第二章 铁路工程项目管理及其精细化体系构建

第一节 铁路工程项目的招投标与合同管理

一、铁路工程项目的招投标

（一）铁路工程项目招标投标法实施条例的基本思路

针对当前招标投标领域一些项目规避招标或者搞"明招暗定"的虚假招标，有的领导干部利用权力插手干预招标投标，当事人互相串通围标、串标等突出问题，在总结实践经验基础上，《招标投标法实施条例》有针对性地从六个方面设置了相应条款：

第一，进一步明确了应当公开招标的项目范围。凡属国有资金占控股或者主导地位的依法必须招标的工程建设项目，除法律、行政法规规定的特殊情形外，都应当公开招标。

第二，充实细化了防止虚假招标的规定。

第三，完善了评标委员会成员选取和规范评标行为的规定。

第四，进一步明确了防止招标人与中标人串通搞权钱交易的规定。

第五，强化了禁止利用权力干预、操纵招标投标的规定。

第六，完善了防止和严惩串通投标、弄虚作假骗取中标行为的规定。

（二）铁路工程项目施工招标投标实施细则

1. 招标投标条件及计划

（1）施工招标具备的条件。施工招标应具备下列六个条件：

第一，建设单位（或项目管理机构）依法成立。

第二，有相应的资金或资金来源已经落实。

第三，施工图已经审核合格。

第四，施工图预算已经核备或批准。

第五，指导性施工组织设计已经编制完毕。

第六，建设项目的特殊重点控制工程可以分段实施。建设项目的特殊重点控制工程可以分段实施，其中对外发包的"三电"迁改、电磁防护和管线迁改等工程（含征地拆迁协助工作），可在初步设计批复后招标。

（2）施工招标方式。施工招标方式分为公开招标和邀请招标。招标人具有与招标项目规模和复杂程度相适应的技术、经济等方面专业人员，符合国家规定自行招标条件的，可自行办理招标事宜，不符合条件的须委托具有相应资质的招标代理机构招标。任何单位和个人不得强制招标人委托招标代理机构办理招标事宜。自行招标应在上报可行性研究报告时提出申请，并严格执行可行性研究报告批复。

（3）施工招标计划。铁路建设项目具备招标条件后，建设单位应严格按照标段划分原则划分标段，并按照中国铁路总公司相关规定编制招标计划，招标计划报中华人民共和国国家铁路局（以下简称为铁路局）审批。

招标计划应包括工程概况、招标依据、招标范围、承包方式、标段划分（含标段起讫里程、长度、主要工程内容、重点控制工程、招标预算）、时间安排、资格审查方式、评委会组成方案、交易场所等。

建设项目分期分批招标的，建设单位应在招标计划中说明已招标内容、本次招标内容及剩余招标安排。委托代建工程应在代建协议签订后，由代建单位上报招标计划。

（4）招标公告。采用公开招标方式的，招标人应当发布招标公告，邀请不特定的潜在投标人投标。经批准采用邀请招标方式的，招标人应当向3家及以上具备相应资质条件、能力，资信良好的特定的法人或者其他组织发出投标邀请书。实行资格预审的建设项目发布资格预审公告，资格后审的建设项目发布招标公告。资格预审公告、招标公告按批准招标计划及相关规定编制，在国家发展改革委依法指定的媒介发布。

1个建设项目1个批次招标只编制1套资格预审文件，招标人应根据标段工程特点，在资格预审文件中载明各标段的资格审查条件。涉及营业线施工的标段，项目经理必须具有营业线施工的施工和管理经验，项目经理不具备相应经验的，不得通过资格审查。资格预审文件应载明资格审查的条件、标准和方法，不得以不合理的条件限制或排斥潜在投标人。招标人无正当理由，不得拒绝符合公告资质要求的潜在投标人购买资格预审文件或招标文件。

（5）资格审查。资格审查原则上采用预审方式，资格预审应在交易中心封闭评标室进行。资格预审原则上采用合格制，符合资格预审文件规定条件的均为合格。资格预审应当按照资格预审文件载明的标准和方法进行。资格预审文件未载明的标准和方法不得作为资格审查的依据。

实行资格预审的，招标人应依法组建资格审查委员会，资格审查委员会成员为不少于

5人的单数，其中招标人代表1~2人，比例不得多于1/4，技术、经济等方面的专家不少于3/4，资格审查委员会成员从铁路专业评标专家库中随机抽取，通用专业专家从地方专家库抽取，并严格执行回避政策。

2个及以上施工企业组成1个联合体参加投标的，在资格预审申请文件中应向招标人提交联合体共同投标协议，协议中应明确联合体组建原则、牵头单位和各成员单位拟承担的工作内容和责任等。联合体各方在同一招标项目中以自己名义单独投标或者参加其他联合体投标的，相关投标均无效。

有下列情况之一，不能通过资格审查：投标人资质不满足要求；被暂停或取消投标资格的；安全生产许可证被暂扣或没有安全生产许可证的；资格预审申请文件或投标文件无单位盖章且无法定代表人或法定代表人授权的代理人签字或盖章的。

铁路局和铁路公司招标时，可将招标公告发布之日前1年内在本单位管辖范围内发生较严重质量安全稳定问题或运营安全事故作为资格审查的条件，并在资格预审文件中载明。资格审查委员会可以书面方式要求对下列两条内容做必要的澄清、说明：①近3年平均营业收入、施工业绩、项目经理和总工程师工作年限或资格；②对招标人提出的专用设备要求承诺未明确的。澄清、说明应以书面方式进行并不得改变资格预审申请文件的实质性内容。

资格预审申请人拒绝澄清或不能对存在问题做出合理解释的，资格审查不通过。单位负责人为同一人或者存在控股、管理关系的不同单位，不得参加同一标段或未划分标段的同一招标项目投标。

对于同属1个企业集团公司的2个及以上子公司（不包括总公司所属的局级施工企业）在同一标段提交资格预审申请的，通过资格预审的投标人在6个及以下时，最多只允许1个通过资格预审；通过资格预审的投标人超过6个时，最多只允许2个通过资格预审，具体个数由资格审查委员会确定。资格预审完成后，资格审查委员会应向招标人提交资格预审报告，招标人应以书面形式及时向资格预审申请人发出资格预审结果通知书，并向未通过资格预审的申请人说明其资格预审未通过原因。通过资格预审申请人少于3个的，应当重新招标。

潜在投标人或者其他利害关系人对资格预审文件有异议的，应当在提交资格预审文件截止时间2日前提出，招标人应当自收到异议之日起3日内做出答复，做出答复前，应当暂停招标投标活动。潜在投标人对资格预审结果有异议时，应在收到通知后2日内向招标人提出书面质疑，招标人应在收到质疑后2日内予以答复，对招标人的答复仍有异议的，可向铁路局提出投诉。

（6）投标。投标人应当按照招标文件要求自主报价，独立编制投标文件。投标文件应当对招标文件载明的质量、安全、工期、造价、标准化管理、上场机械设备类型、合同

条款、环保、水保、土地复垦、架子队组建等实质性要求和条件做出响应。投标人根据招标文件载明的项目实际情况，拟在中标后将中标项目的部分非主体、非关键性工程进行分包的，应当在投标文件中载明。

招标人可以在招标文件中要求投标人提交投标保证金，其额度不得超过最高投标限价的2%，有效期应当与投标有效期的要求一致。投标保证金为银行出具的银行保函、保兑支票银行汇票或现金支票，不得以现金形式提交投标保证金，以支票汇票形式提交的投标保证金应当从投标人基本账户转出。投标人应当按照招标文件要求的方式和金额，将投标保证金随投标文件提交给招标人。

投标人应当在招标文件要求提交投标文件的截止时间前，将投标文件密封送达招标文件指定的地点。招标人收到投标文件后，应当向投标人出具标明签收人和签收时间的凭证，妥善保管好已接收的投标文件、修改或撤回通知等投标资料，在开标前不得开启投标文件。在招标文件载明的提交投标文件截止时间后送达或不按照招标文件要求密封的投标文件，招标人应当拒收。提交投标文件的投标人少于3人的，应当重新招标。

投标人在招标文件要求提交投标文件的截止时间前，可以补充、修改、替代或者撤回已提交的投标文件，并书面通知招标人。补充、修改的内容为投标文件的组成部分。在提交投标文件截止时间后，投标人不得补充、修改、替代或者撤回其投标文件；投标人补充、修改、替代投标文件的，招标人可以不接受；投标人撤销投标文件的，其投标保证金可以不退还。

联合体各方必须指定牵头人，授权其代表所有联合体成员负责投标和合同实施阶段的主办、协调工作，并应当向招标人提交由所有联合体成员法定代表人签署的授权书。联合体投标的，应随投标文件提交明确约定各成员拟承担的工作内容和报价的联合体协议书，以联合体各方或者联合体牵头人的名义提交投标保证金。以联合体牵头人名义投标的，投标文件对联合体各成员均具有约束力。资格预审后联合体增减、更换成员的，其投标无效。

（7）招标文件。招标文件规定的各项技术标准应符合国家强制性标准，且均不得要求或标明某一特定的专利、商标、名称、设计、原产地或生产供应者，不得含有倾向或者排斥潜在投标人的其他内容。招标文件必须严格执行批准的设计文件，技术标准明确、工程数量准确、施工组织清晰，由投标人自主报价。

招标人应在招标文件中载明廉政要求，明确招投标双方的责任和义务，招投标双方在签订合同的同时签订廉政协议，互相监督并接受相关部门的监督。

招标人对招标文件的补遗按要求及程序办理，涉及有关技术标准和技术条件的补遗，严格执行批复的设计文件。招标人可以对已发出的招标文件进行必要的澄清或者修改，澄清或者修改的内容可能影响投标文件编制的，招标人应当在投标截止时间至少15日前，

以书面形式通知所有招标文件收受人，不足15日的，招标人应当顺延投标文件提交截止时间。该澄清或者修改的内容为招标文件的组成部分。

采用施工总价承包方式的，总承包风险费由招标人根据项目情况确定并在招标文件中载明数额。投标人对总承包风险费自主报价，但不得超过招标文件中载明数额。招标人应按国家规定在招标文件内载明安全生产费用，投标人应按招标文件进行安全生产费报价。

铁路建设项目招标评标办法有综合评估法和经评审的最低投标价法，招标文件中应同时载明2种评标办法，由投标人代表在开标会上抽取1个作为评标办法。铁路建设项目积极推行单价承包模式，实施单价承包的铁路建设项目在招标时，原则上采用经评审的最低投标价法。招标人应根据建设项目情况，在不超过施工图预算的前提下，自主确定最高投标限价，并在招标文件中公布。招标文件公布最高投标限价不包括甲供物资费用，投标人的报价不含甲供物资设备费用。

（8）开标、评标与定标。

第一，开标应当在招标文件确定的提交投标文件截止时间的同一时间公开进行，开标地点应为招标文件中确定的地点，开标时间和开标地点不得随意更改。开标会上，先由投标人代表抽签确定评标办法，抽取综合评估法的，继续由投标人代表抽取评标基准调整系数。

以联合体形式投标的，投标人须在开标会上宣读联合体投标总价和各联合体成员拟承担工作部分的报价，否则投标无效；有信用评价A级企业使用加分权时，投标人还应宣读"施工企业信用评价加分声明函"。投标人对开标有异议的，应当在开标现场当场提出，招标人应当场做出答复，并进行记录。

招标人应依法组建评标委员会，其中招标人代表为1～2人且比例不得多于1/4，技术、经济等方面的专家不少于3/4，评标委员会中铁路专业专家从铁路专业评标专家库中随机抽取，通用专业专家从地方专家库抽取，并严格执行回避政策。非因《招标投标法》和《招标投标法实施条例》规定的事由，不得更换依法确定的评标委员会成员。更换评标委员会中的专家成员必须按规定从专家库中随机抽取。

有相关七条情形之一的，评标委员会应当否决其投标：①投标文件未经投标单位盖章和单位负责人签字；②投标联合体没有提交共同投标协议；③投标人不符合国家或者招标文件规定的资格条件；④同一投标人提交两个以上不同的投标文件或者投标报价，但招标文件要求提交备选投标的除外；⑤投标报价低于成本或者高于招标文件设定的最高投标限价；⑥投标文件没有对招标文件的实质性要求和条件做出响应；⑦投标人有串通投标、弄虚作假、行贿等违法行为。

有效投标不足3个使得投标明显缺乏竞争的，评标委员会可以否决全部投标。所有投标被否决后，招标人应当依法重新招标。

第二，评标。同一批次投标，仅允许信用评价A级企业对其中1个标段申请使用信用评价加分。信用评价A级企业使用投标加分权时，应随投标文件提交《施工企业信用评价加分声明函》同投标函密封在一起，在开报价标时宣读。联合体投标时，牵头方为A级企业的，可申请对1个标段加分，但联合体成员有C级企业的，不对联合体加分，计A级企业使用加分权。A级企业（含联合体）通过资格预审后，不购买招标文件或不提交投标文件，均视为已使用信用评价加分权，因政策原因不购买招标文件或不提交投标文件的除外。

报价与评标基准接近的第一名为100分，次接近的为95分，之后依次递减2分。当A级企业符合加分条件并申请加分时，在计算出投标人得分基础上对A级企业加2分，然后按分数由高到低推荐中标候选人。

采用经评审的最低投标价法的，技术标和商务标采用通过制。评标委员会先对技术标、商务标和报价标进行评审，技术标、商务标通过的，按评审后的投标价由低到高进行排序采用综合评估法的，若最终评标分数出现相等，当期信用评价排序在前的排名在前。采用经评审的最低投标价法的，若经评审的最低投标价相同，当期信用评价排序在前的排名在前评标委员会可以书面方式要求投标人对投标文件中含义不明确、对同类问题表述不一致或者有明显文字和计算错误的内容做必要的澄清、说明或补正。评标委员会不得向投标人提出带有暗示性或诱导性的问题，或向其明确投标文件中的遗漏和错误。澄清、说明或补正应以书面方式进行并不得超出投标文件的范围或者改变投标文件的实质性内容（算术性错误修正除外）。

评标委员会在对实质上响应招标文件要求的投标进行报价评价时，按下述原则进行修正：①用数字表示的数额与用文字表示的数额不一致时，以文字数额为准；②单价与工程量的乘积与总价之间不一致时，以单价为准。若单价有明显的小数点错位，应以总价为准，并修改单价。修正后的报价经投标人确认后产生约束力。投标文件中没有列入的价格和优惠条件在评标时不予考虑。

第三，定标。评标委员会应在评审工作结束后向招标人提交评标报告和中标候选人名单，中标候选人应当不超过3个，并标明排序。评标报告应当由全体成员签字，评标委员会成员对评标结论持有异议的，可以采用书面方式阐述其不同意见和理由。评标委员会成员拒绝在评标报告上签字且不陈述其不同意见和理由的，视为同意评标结论。

评标报告应包括基本情况和数据表、评标委员会成员名单、开标记录、符合要求的投标人一览表、无效标情况详细说明、评标标准、评标方法或者评标因素一览表（包括详细的评审过程，评标办法和调整系数等有关数据的确定，对一些重大偏差的评审意见和扣分依据等）、经评审的价格一览表、经评审的投标人排序、推荐的中标候选人名单或根据授权推荐的中标人名单、信用评价A级企业使用信用评价加分情况、签订合同前要处理的事

宜及澄清、说明或补正事项纪要。招标人应在开标当天将信用评价A级企业使用信用评价加分情况报铁路局工程监督管理司，铁路局工程监督管理司汇总后在铁道建设工程网站公布，并报铁路局综合司备案。

招标人应当在收到评标委员会评标报告之日起3日内公示中标候选人，公示期不得少于3日。投标人或者其他利害关系人对评标结果有异议的，应当在中标候选人公示期间向招标人提出。招标人应当自收到异议之日起3日内做出答复；做出答复前，应当暂停招标投标活动。投标人对招标人答复有异议的，可向铁路局工程监督管理司投诉。公示没有异议或异议不成立的，应确定排名第一的中标候选人为中标人，5日内向中标人和未中标人发中标通知书或中标结果通知书。

排名第一的中标候选人放弃中标、因不可抗力提出不能履行合同，或者招标文件规定应当提交履约保证金而在规定的期限内未能提交或者被有关部门查实存在影响中标结果的违法违规行为，或因安全、质量问题、事故被停止投标的，招标人可以按照评标委员会提出的中标候选人名单排序依次确定其他中标候选人为中标人，也可以重新招标。

2. 招标投标活动监督过程

铁路局工程监督管理司归口监督铁路工程建设招标投标活动，对铁路工程建设招标投标活动进行监督抽查，受理并组织调查涉及违反招标投标法律、法规、规定和程序的投诉举报。

国家监委驻铁路局依法对铁路工程建设项目招标投标监督工作和监察对象实施监察，对铁路工程建设招标投标监督工作进行抽查，受理并组织调查涉及人员违纪行为的投诉举报。铁路局工程监督管理司负责监督铁路建设项目勘察设计招标投标活动，受理并组织调查涉及相关内容的投诉举报。铁路局综合司、铁路局工程监督管理司对铁路工程建设招标投标活动进行抽查，每年对组织招标的铁路局和部管铁路公司抽查比例不低于30%。铁路建设工程招标计划审批、招标人招标投标情况的书面报告备案等招标管理工作及投标人投标活动等，均属于招标投标监督工作内容。

（1）标前监督。标前监督是指对铁路建设项目入场前招标投标活动进行的监督，重点监督是否执行可研报告批复中的招标方式，是否具备招标条件，资格预审公告、招标公告、交易场所、评标办法选用、评标委员会组成方案、招标文件等是否符合法律法规和铁路局相关规定。

铁路局综合司和铁路局工程监督管理司等部门按照职责，负责在建设项目入场前抽查铁路建设项目招标条件执行国家、铁路局相关规定的情况，审查铁路大中型建设项目勘察设计、施工、监理、甲供物资设备招标计划。铁路局综合司和铁路局工程监督管理司等部门按照职责分工受理并组织调查入场前招标投标活动投诉举报，查处招标投标活动中存在

的问题。

（2）标中监督。标中监督是指铁路建设项目入场至定标期间对招标投标活动进行的监督，重点监督招标人按批准事项办理入场手续、资格预审公告和招标公告的发布、开标过程；监督招标投标活动现场等。

中国国家铁路集团有限公司（以下简称国铁集团）建设管理部、国家监委驻国铁集团监察组、计划司等部门对铁路建设项目入场后至定标期间招标投标活动实施监督抽查，主要包括：①抽查建设项目资格预审公告、招标公告等是否执行招标计划批复；②抽查资格预审文件和招标文件发售情况；③抽查资格预审结果备案情况；④抽查招标项目资格审查委员会和评标委员会组成方案的合规性，对专家抽取过程进行抽查，抽查开标时间、开标地点、开标程序、异议答复等情况；⑤通过监控系统对评标过程进行抽查；⑥抽查中标候选人公示、招标人对异议的答复、中标通知书发出等情况，对招标人、投标人、评委专家等有关人员在交易场所中违反交易规则的行为责令改正，对发现的违法违规行为进行处理。

国铁集团建设管理部、国家监委驻国铁集团监察组、计划司等部门按照职责分工受理并组织调查入场至定标期间招标投标活动投诉举报，查处招标投标活动中存在的问题。

（3）标后监督。标后监督是指对铁路建设项目招标人确定中标人后的招标投标活动进行的监督。国铁集团建设管理部负责监督检查国铁集团批复招标计划的施工、监理等招标项目招标投标情况书面报告备案情况。国铁集团建设管理部等相关部门负责抽查部管项目和铁路局管理大中型建设项目施工、监理合同签订的时间、合同条款的合规性及合同备案办理情况，并查处违法分包、转包行为。合同条款存在违规情形的，应责令招标投标双方予以改正并监督其按规定重新办理备案手续。国铁集团建设管理部、国家监委驻国铁集团监察组、计划司等相关部门按照职责分工受理并组织调查定标后招标投标活动投诉举报，查处招标投标活动中存在的问题。

二、铁路工程项目的合同管理

（一）合同谈判

1.合同谈判的类型

（1）硬式合同谈判。硬式合同谈判也称"立场型合同谈判"。合同谈判者将合同谈判看作是一场意志力的竞争，认为立场越硬的人获得的利益越多。因此，合同谈判者往往将注意力放在维护和加强自己的立场上，处心积虑地要压倒对方。这种方式有时很有效，往往能达成十分有利于自己的协议，但这种方式同样有其不利的一面。如果双方都采用这

种方式进行合同谈判，就容易陷入骑虎难下的境地，使合同谈判旷日持久，这不仅增加了合同谈判的时间和成本，降低了效率，而且还可能导致合同谈判的破裂。即使某一方迫于压力而签订了协议，在协议履行时也会采取消极的行为。因此，硬式合同谈判可能有表面上的赢家，但没有真正的胜利者。

（2）软式合同谈判。软式合同谈判也称"友好型合同谈判"。合同谈判者尽量避免冲突，随时准备为达成协议而做出让步，希望通过合同谈判签订一个皆大欢喜的合同。软式合同谈判强调建立和维护双方的友好关系，是一种维护关系型的合同谈判。这种合同谈判达成协议的可能性最大，合同谈判速度快、成本低、效率高。但这种方式并不是明智的，一旦遇到强硬的对手，往往步步退让，最终达成的协议自然是不平等的。实际合同谈判中，很少有人采用这种方式，一般只限于双方的合作非常友好，并有长期业务往来的范围。

（3）原则式合同谈判。原则式合同谈判有四个特点：

第一，主张将人与事区别对待，对人温和，对事强硬。

第二，主张开诚布公，合同谈判中不能采用诡计。

第三，主张在合同谈判中既要达到目的，又不失风度。

第四，主张保持公平公正，同时又不让别人占你的便宜。

原则式合同谈判与软式合同谈判相比，同样注重了与对方保持良好的关系，同时也没有忽略利益问题。原则式合同谈判要求合同谈判双方尊重对方的基本要求，寻找双方利益的共同点，千方百计使双方各有所获。当双方的利益发生冲突时，根据公平原则寻找共同性利益，各自做出必要的让步，达成双方均可接受的协议，而不是一味退让，以委曲求全来换取协议。

原则式合同谈判与硬式合同谈判相比，主要区别在于主张调和双方的利益，而不是在立场上纠缠不清。这种方式致力于寻找双方对立面背后存在的共同利益，以此调解冲突。它既不靠咄咄逼人的压服，也不靠软弱无力的退让，而是强调双方地位的平等性，在平等基础上共同促成协议。

2. 衡量合同谈判结果的标准

（1）对合同谈判人员的评价。合同谈判人员，特别是首席合同谈判人的个人能力对合同谈判的成败至关重要。合同谈判技巧主要有三项标准：①双方都认为合同谈判者的合同谈判是富有成效的；②合同谈判者在以往的合同谈判中取得过较大成功；③其合同谈判结果在执行过程中能够得到切实履行。

（2）衡量合同谈判成功与否的标准。衡量合同谈判是否成功应该有三个价值评判标准：

第一，预期目标的实现标准。合同谈判的结果是否达成预期的目标，这是评价一场合同谈判是否成功的基本标准。

第二，成本优化标准。合同谈判的成本通常有基本成本（为达成协议所做出的让步，即最终合同谈判结果与预期目标的差异）、直接成本（为合同谈判花费的各种资源，如投入的人力、物力、财力和时间）、机会成本（为某项合同谈判所占用的资源是否失去了其他获利的机会），只有注意了这三种成本的存在，才能在合同谈判中表现出更大的主动性和能动性。

第三，合作关系标准。合同谈判是人与人之间的交流活动。合同谈判的结果不只是体现在成交价格的高低、利益分配的多少、风险和收益的关系上，还应考虑合同谈判是否促进了双方的友好合作关系。合同谈判者应该具有战略眼光，不应只计较一场合同谈判的得失，更应着眼于长远和未来。

（二）合同变更管理

1. 工程变更的起因

工程变更一般主要有以下六个方面的原因：

（1）业主新的变更指令，对建筑的新要求，如业主有新的意图、业主修改项目计划、削减项目预算等。

（2）由于设计人员、监理方人员、承包商事先没有很好地理解业主的意图，或设计的错误，导致图纸修改。

（3）工程环境的变化，预定的工程条件不准确，要求实施方案或实施计划变更。

（4）由于产生新技术和知识，有必要改变原设计、原实施方案或实施计划，或由于业主指令及业主责任的原因造成承包商施工方案的改变。

（5）政府部门对工程新的要求，如增加环境保护要求、城市规划有变动等。

（6）由于合同实施出现问题，必须调整合同目标或修改合同条款。

2. 工程变更的程序

（1）业主方提出变更。业主一般可通过工程师提出工程变更，工程师需要与承包商协商。若业主方提出的工程变更内容超出合同限定的范围，则不能作为工程变更，属于新增工程，只能另签合同处理，除非承包方同意作为变更。

（2）工程师提出变更。工程师根据工地现场工程进展的具体情况，认为确有必要时，可提出工程变更。工程师提出的工程变更应在原合同规定的范围内，且是切实可行的。若超出原合同，新增了很多工程内容和项目，则属于不合理的工程变更请求，工程师应和承包商协商后酌情处理。如在工程施工中，因设计考虑不周，或施工时环境发生变化，工程

师本着节约工程成本和加快工程施工进度与保证工程质量的原则，可提出工程变更。

（3）承包商提出变更。承包商在提出工程变更时有两种情况：一种情况是工程遇到不能预见的地质条件或地下障碍；另一种情况是承包商为了节约工程成本或加快工程施工进度，提出工程变更。

3. 工程变更的批准

（1）由承包商提出的工程变更，应交与工程师审查并批准。

（2）由业主方提出的工程变更，涉及设计修改的应该与设计单位协商，并通过工程师发出。铁路工程设计变更须遵照铁路建设项目变更设计管理办法办理相关手续。

（3）工程师发出工程变更权力的任何具体限制，一般会在合同专用条件中明确约定若合同对工程师提出工程变更权力做了具体限制，而约定其余均由业主批准，但在紧急情况下不应限制工程师向承包商发布其认为必要的此类变更指令，工程师应在发布指令后，尽快将情况通知业主。

（三）合同索赔与纠纷处理

1. 索赔管理

（1）索赔动因。索赔必须有合理的动因才能获得支持。一般来说，只要是业主的违约责任造成的工期延长或承包商费用的增加，承包商都可以提出索赔。业主违约包括业主未及时提供设计参数未提供合格场地、审核设计或图纸的延误、业主指令错误、延迟付款等。因恶劣气候条件导致施工受阻，以及FIDIC条款中所列属于承包商"不可抗力"因素导致的延迟均可提出索赔。当然有的业主会在合同的特殊条款中限定可索赔的范围，这时就要看合同的具体规定了。

向业主索赔及业主对承包商的反索赔是合同赋予双方的合法权利。发生索赔事件并不意味着双方一定要诉讼或仲裁。索赔是在合同执行过程中的一项正常的商务管理活动，大多可以通过协商、合同谈判和调解等方式得到解决。

（2）索赔分类。当分类方法不同时，索赔的种类也不同。常见的索赔分类方法有以下两种：

第一，按索赔目的分类。按索赔目的分类包括以下两方面：①工期索赔是对因非承包商自身原因造成的工程拖期，承包商有权要求业主延长工期，避免后续的违约和误期罚款；②费用索赔是由于业主的变更或违约给承包商造成了经济上的损失，承包商可要求业主给予经济补偿。

第二，按索赔依据分类。按索赔依据分类具体包括以下几种类型：①合同内索赔指可以直接在合同条款中找到依据，这种索赔较容易达成一致；②合同外索赔指索赔的依据难

以在合同条款中找到，但可从合同条款推测出引申含义或从适用的法律法规中找到依据；③道义索赔指在合同内外都找不到依据或法律根据，但从道义上能够获得支持而提出的索赔。

（3）索赔的证据和费用计算。常见的索赔的证据包括政府法规、技术规范、合同、物价行情、业主指令、施工方案、事故记录、不可抗力证据、会议纪要、来往信件、备忘录、工程进度计划表、技术文件、施工图纸、照片（尤其向保险公司的索赔）、施工记录、气象资料、设备租赁合同、各种采购发票、业主工程师签署的临时用工单等。

业主对索赔的处理一般以"补偿实际发生的合理费用"为原则，包括额外消耗的人工费、材料费、设备费、施工机具费、保险费、保证金、管理费、技术措施费、利息等。由于人工、材料和机械等直接费用比较容易核查，而管理费、技术措施费等间接费用难以确定，因此，双方如果在合同谈判中约定了直接费和间接费的计算办法，则可减少在合同执行过程中的纠纷。

2. 纠纷处理

（1）诉讼。对有些不接受仲裁的国家或双方当事人不愿意采用仲裁的情况，除了协商、调解之外的唯一解决办法就是诉讼。对国际合同的诉讼，一般应注意以下两点：

第一，合同中尽量写明法律的适用规则及争议提交某一指定国指定地点的指定法院。如果合同中未指定法院，那么可能会有两个或两个以上国家的法院有资格做出判决，而不同国家法院的判决结果可能是不同的，甚至某些国家不同州的法院的判决结果也是不同的。

第二，合同在选择适用法律时，要考虑合同双方对该法律的了解程度。该法律的哪些强制性规定会妨碍合同争端的合理解决，该法律的规则变化时如何处理，该法律适用于整个合同还是合同中的某一部分，等等。

作为一个完整的合同管理过程，合同管理还包括合同结算、合同执行结果反馈等后续过程，以及贯穿整个合同执行过程中的各种程序的编写发布、各种数据的整理分析等。

（2）仲裁。

第一，合同双方有选择仲裁方式的自由。双方当事人可以在合同中约定，或在争议发生后再行约定仲裁条款。仲裁一般只在当事人之间进行，不具有公开性，仲裁对各方当事人的商业信誉的负面影响比采用司法程序要小。仲裁环节相对简单，费用较低，时间短。一般司法程序尤其是英美法系国家的司法程序相当复杂，进度缓慢，不利于双方当事人合同责任和义务的履行。因此，合同当事人大多倾向于通过仲裁的形式解决争议。

第二，国际工程最好选择仲裁规则与仲裁地国家的法律相一致的仲裁。合同双方都希望仲裁能够在自己的国家适用本国法律进行，这是不公平的，除非一方的合同地位占据绝

对优势。最常见的处理办法是选择第三国并按该国的仲裁规则进行仲裁，这就要求对该国的仲裁规则有清楚的认识。

第三，坚持能协商就协商，能调解的就调解，能不仲裁诉讼就不仲裁或诉讼的原则。不管怎样，走上仲裁庭或法院对合同双方都不是一件好事，除非一方违反了合同的基本原则进行恶意欺诈。不论采用仲裁或诉讼都会劳神费力，尤其是旷日持久的取证、辩论，对公司商誉的影响对双方的合作关系都是一种伤害。

第二节 铁路工程项目的采购与物资管理

一、铁路工程项目的采购管理与谈判

（一）铁路工程项目采购管理

项目采购管理几乎贯穿整个项目生命周期，项目采购管理模式直接影响项目管理的模式和项目合同类型，对项目整体管理起着举足轻重的作用。"随着我国铁路工程建设行业的不断发展，对于项目物资的采购管理逐渐重视。因为铁路工程在建设的过程中，会用到不同种类、大量的建设物资，同时物资采购的成本，占到工程项目总成本的65%左右。所以，加强物资的采购管理，有利于成本的控制。"[①]

1.项目采购含义及其分类

项目采购是指从外界多个可供选择的供应商中选择购买项目所需的各种资源的过程。包括有形的商品和无形的劳务。有形的商品如原材料、设备、工具、机器、仪器、能源等；无形的劳务如项目管理、专家咨询、中介服务等。项目采购的主体包括项目发起人（业主/客户）、项目实施组织、供应商和项目分包商及专家。

按照项目采购形态，项目采购分为有形采购和无形采购，其中，有形采购包括货物采购和工程采购，无形采购包括服务采购。

（1）货物采购。货物采购属于有形采购，是指通过招标或其他方式采购项目建设所需要投入物的活动。货物指机械、设备、仪器、仪表、办公设备、建筑材料（钢材、水泥、木材等）、农用生产资料等，并包括与之相关的服务，如运输、保险、安装、调试、培训、初期维修等。

（2）土建工程采购。土建工程采购，也是有形采购，是指通过招标或其他商定的方式选择工程承包单位，即选定合格的承包商承担项目工程施工任务。例如，修建高速公

---

① 勾美峰. 提高铁路工程项目物资采购管理的几点建议 [J]. 经营者，2016（6）：152.

路、大型水电站的土建工程灌溉工程、污水处理工程等，并包括与之相关的服务，如人员培训、维修等。

（3）咨询服务采购。咨询服务采购不同于一般的货物或工程采购，它属于无形采购。咨询服务采购包括聘请咨询公司或单个咨询专家。咨询服务的范围很广，大致可分为以下四类：项目投资前期准备工作的咨询服务，如做项目的预可研和可行性研究、工程项目现场勘察、设计等业务；工程设计和招标文件编制服务；项目管理、施工监理等执行性服务；技术援助和培训等服务。

按采购方式不同，项目采购分为招标采购和非招标采购。招标采购主要包括国际竞争性采购、有限国际招标和国内竞争性采购。非招标采购主要包括国际、国内询价采购，直接采购，自营工程等。

2. 项目采购的方式与原则

（1）项目采购的方式。项目采购的方式有多种，可以根据需要采用合理的方式。常见的采购方式有公开招标、邀请招标、竞争性谈判、单一来源采购、询价采购。

第一，公开招标。公开招标采购是指招标机关或其委托的代理机构（统称招标人）以招标公告的方式邀请不特定的供应商（统称投标人）参加投标的采购方式。公开招标是项目采购的主要采购方式。

第二，邀请招标。邀请招标采购是指经过批准，以投标邀请书的形式，邀请5个以上特定的供应商投标的采购方式。这种方式的优点是应邀投标者的技术水平、技术实力、信誉等方面一般都具有明显的优势，基本上能保证招标目标顺利完成；同时，它比公开招标节省了广告费用和招标的工作量。其缺点是在邀请时易带有感情色彩，这可能使一些更有竞争力的投标单位失去机会。

第三，竞争性谈判。竞争性谈判采购是指经批准直接邀请3家以上的供应商就采购事宜进行谈判的采购方式。竞争性谈判由于其自身具有特殊性和灵活性的特点，经常被各集中采购机构在日常工作中运用。

第四，单一来源采购。单一来源采购是指所采购的商品（设备）只有一个供应商，项目组织直接向其购买。对于有些不能或不便进行竞争性招标或竞争性招标优势不存在的项目采购，可采用直接签订合同的采购方法。

第五，询价采购。询价采购是指收集若干家供应商的产品报价，综合评价各供应商的条件和价格，并最终确定供方。

（2）项目采购的原则。

第一，经济性和效率性。项目采购的经济性和效率性是指所采购的工程、货物和服务应具有优良的品质，以及在合理的时间内完成采购，以满足项目工期的要求。

第二，均等竞争性。项目采购的均等竞争性是指在项目采购中给予合格竞争者均等的机会。其包含两方面的含义：①保证所有合格货源提供者都可以参加项目的资格预审、投标、报价；②所有来自合格货源提供者的资格预审申请、投标文件和报价都必须受到公正对待。

第三，透明性。项目采购的透明性是指项目采购的整个过程具有高度的公开性。强调项目采购的透明性有利于提高采购过程的客观性。

3. 项目采购管理的主要过程

（1）采购计划编制。采购计划是指项目中整个采购工作的总体安排。采购计划包括项目或分项采购任务的采购方式、时间安排、相互衔接以及组织管理协调安排等内容。采购计划的编制依据是：范围说明书、产品说明书、市场状况、约束条件、其他计划。在采购计划的编制中，凡是可获得的其他计划都应该作为编制基础而给予充分考虑，通常必须考虑的其他计划有工作分解结构、初步成本和进度计划估算、质量管理计划、风险控制计划等。采购计划编制的结果主要包括采购管理计划和工作说明书两项输出。

（2）询价计划编制。询价计划编制包括建立支持询价工作所需的文档和形成采购评价标准的整个过程。

询价计划编制的依据是：采购管理计划、工作说明书、其他计划编制的结果。其他计划应该作为采购计划编制的一个环节而再次被审查，需要特别注意的是询价计划的编制应该与项目进度计划保持高度一致，这是项目实现进度、成本控制的基本保障。询价计划编制的结果主要包括采购文档和评价标准。

采购文档用于向预期的供应商索要建议书。根据项目采购主要考虑的评价指标情况，采购文档会有不同的名称，如采购主要考虑价格因素时，采购文档被称为"投标"或"报价"；当采购主要考虑非价格因素如技术、技能或方法时，采购文档通常采用"建议书"这一术语；此外，采购文档常用的名称包括投标邀请、邀请提交建议书、邀请报价、谈判邀请和承包商初步答复等。有时采购文档这些术语会相互交换使用，应注意不要对使用某一术语可能带来的暗示意义做无保证的推测。

采购文档应方便预期的供应商做出准备、全面的答复为目的进行构架设计。它们通常包括有关的工作说明书、对于期望的答复形式的说明书和所有必要的合同条款。

评价标准用于对建议书进行排序或评分。如果项目采购可以迅速地从多个可接受的来源中获得，则评价标准可能仅限于采购成本；否则就必须确定其他的采购评价标准并形成相应的文档。除采购成本标准外，常用的其他采购评价标准有卖方的信誉、技术能力、管理方法、财务能力等。

（3）询价。询价是从预期的供应商那里获取有关项目需求如何被满足的意见反馈（建议书或投标书）。本过程绝大部分实际工作由预期的供应商承担，一般说来，这时候项目没有成本。询价通过召集投标者会议或广告的形式进行。询价的依据是：采购文档、合格的卖方清单。

询价的结果是取得建议书（或投标书）。建议书（或投标书）是卖方按照有关采购文档的要求准备的说明，是提供项目所需产品的能力和意愿的说明文档。

（4）供应商选择。供应商选择就是买方接受建议书（或投标书）后利用评价标准选择采购的供应方的过程。在供应商选择决策过程中，除了采购成本以外，还可能需要评价许多其他因素，如可接受卖方按时交货的能力的评价；分别评价建议书技术（方法）部分和商务（价格）部分，或投标书的技术标和方法标；对于关键产品，可能需要有多个供应商等。

对主要采购项目，这个过程可以重复。根据初步建议书，列出合格供应商的短名单，然后根据更为详细和综合的建议书进行更为详细的评价。

供应商选择通过合同谈判、量化定性指标的加权评价、编制采购成本估算等方法，以建议书（或投标书）、评价标准、组织政策为依据进行。

供应商选择的结果就是与被选择的项目采购供货方签订采购合同。合同是一个约束双方的协议，使卖方有义务提供规定的产品，并使买方有义务付款。

虽然所有项目文档都经过一定形式的审查和批准，但合同的法律约束性常常意味着合同可能需要经过更广泛的批准过程。总之，审查和批准的重点是：应保证合同文本说明的是能够满足项目特定需求的产品和服务。

（二）铁路工程项目采购谈判

1. 采购谈判的基本特征

（1）采购谈判是原则性和可调整性的统一。原则性是指谈判双方在谈判中让步的最后界限，即谈判是有让步的底线的。可调整性是指谈判双方在坚持基本原则的基础上可以向对方做出一定妥协与让步。原则性和调整性在采购谈判中是同时存在的。

（2）采购谈判以经济利益为中心。谈判的中心是谈判双方各自的经济利益，但是利益中心性并不意味着采购谈判不考虑其他利益，而是相对于其他利益来说，经济利益是首要的。

（3）采购谈判是买卖双方合作与冲突的对立统一。为了达成协议，谈判双方在谈判过程中必须具备一定程度的合作性。同时，谈判双方又都希望达成的协议对自己更有利，这样谈判双方在谈判中又存在一定的利益冲突。

2. 采购谈判的主要原则

采购谈判的原则是指在采购谈判过程中各方应遵循的思想和行为准则，一般包括以下五个基本原则：

（1）公平与合作原则。采购谈判双方是一种合作关系，双方的利益是共享的，谈判的任何一方都要让渡合理的利益给对方，双方平等互利，协商所需。

（2）合法原则。合法原则是采购谈判中的重要原则。所谓合法，就是要求采购谈判要在不违反国家法律法规的前提下进行，不能从事违法的交易活动。在谈判过程中，采购人员的谈判行为也必须合法，只有在合法行为下达成的协议才受法律保护。

（3）心理活动原则。在谈判中应多听、多问、少说。倾听是发现对方需要的重要手段，恰当的提问是引导谈判方向，驾驭谈判进程的工具，而说得过多则会产生不应有的失误，容易使自己陷于被动。同时，多听多问会迫使对方提供更多的反馈信息，有助于发现事情的真相，了解对手的动机和目的，从而获悉新的情况，据此来调整己方的策略、措施和方法。

（4）信息原则。在正式谈判之前，应尽可能多地掌握谈判对手的情况，同时注意己方信息的保密。谈判过程中，谁掌握的信息多，谁就处于主动；谁把握信息快，谁就占据优势。

（5）灵活让步原则。不要在谈判时表现出毫无退让之势，要因人因事而异，要学会通过妥协、让步来换取自己的利益，退一步海阔天空。

3. 采购谈判的具体过程

（1）确立具体谈判目标。制定有意义的目标对谈判成功至关重要，所以准备工作的第一步就是确立希望通过谈判达到的目标。每个参与谈判的人都要清楚，通过谈判要达到什么目标，这些目标是基于什么样的假设才能实现的。一般来说，谈判目标应该是一个弹性目标，即该目标有一个幅度，在这个幅度范围内可分为最低目标、中间目标和最高目标。最低目标是在做出最大让步后必须保证达到的目标，即谈判成功的底线；中间目标是谈判最有可能实现的目标，在这一目标幅度内成交，对双方都有利；最高目标是通过谈判达到的对自己最有利的目标。

（2）收集相关信息。谈判者掌握的信息越多，其谈判实力越强，谈判的主动性越大。需要注意的是，在谈判正式开始前，信息获取的手段和途径应该是隐蔽的，不应过分引起谈判对手的注意。

（3）分析双方的优势和劣势。对双方相对的优势和劣势进行评价分析，这个过程能

够影响在谈判时所采用的战略和策略。

（4）识别实际情况。谈判准备工作时要求区分实际情况和问题。谈判双方应该对什么是实际情况、什么是问题较早达成一致。实际情况是现实或真实的情况，这些是不必在谈判中讨论的，而问题则是要在谈判过程中解决的条款或主题。

（5）制定谈判策略。谈判策略是在与持不同意见的对手进行谈判时，为达成对双方有益的协议而采取的一种总体性的方法，包括谁谈判、谈判什么、何时何地以及怎样谈判等。

（6）介绍谈判内容。采购谈判通常会影响企业里的其他部门，进行谈判的个人或团队应当向这些部门做简要介绍，阐明谈判的主要问题以及谈判目标的设定，确保他们了解并赞同谈判目标。

（7）谈判预演。在正式谈判开始之前进行排练或预演，方法之一就是模拟谈判过程。在谈判预演中可能会出现预想之外的新问题，这样可以使己方做更加充分的准备，会对正式谈判有所帮助。

4. 采购谈判的方法策略

（1）谈判开局策略。

第一，保留式开局策略。保留式开局策略是指在谈判开局时，对对方提出的关键性问题不做彻底、确切的回答，而是有所保留，从而给对方造成神秘感，以吸引对方步入谈判。注意采用保留式开局策略时不要违反谈判的道德原则，即以诚信为本，向对方传递的信息可以是模糊信息，但不能是虚假信息。否则，会令自己陷入非常难堪的局面之中。

第二，协商式开局策略。协商式开局策略是指以协商、外交礼节性的语言进行陈述，使对方产生好感，创造或建立双方对谈判的"一致"的感觉，从而使谈判双方在友好、愉快的气氛中展开谈判工作。采用这种策略应该注意的是，拿来征求对方意见的问题应是无关紧要的问题，即对方对该问题的意见不会影响到己方的具体利益。在赞成对方意见时也不要过于献媚，要让对方感觉己方是出于尊重而不是奉承的目的。

第三，进攻式开局策略。所谓进攻式开局策略，是指通过语言或行为来表达己方强硬的姿态，从而获得谈判对手必要的尊重，并借以制造心理优势，使得谈判顺利地进行下去。进攻式开局策略通常只在这种情况下使用，即发现谈判对手在刻意表现出情绪消极、态度冷淡，企图通过制造较大心理压力来使己方妥协让步。

第四，挑剔式开局策略。挑剔式开局策略是指开局时，对对手的某项错误或礼仪失误严加指责，使其感到内疚，从而达到营造低调气氛，迫使对方让步的目的。

第五，坦诚式开局策略。所谓坦诚式开局策略是指以开诚布公的方式向对方陈述自

己的观点或想法，从而为谈判打开局面。坦诚式开局策略比较适合于有长期业务合作关系的双方，以往的合作双方比较满意，彼此又比较了解，不用太多的客套，减少了很多外交辞令，节省了时间，直接坦率地提出己方的观点、要求，反而更能使对方对己方产生信任感。坦诚式开局策略也可用于谈判实力较弱的一方。当己方的谈判实力明显不如对方，并为双方所共知时，坦率地表明己方的弱点，让对方加以考虑，更表明己方对谈判的真诚，同时也表明对谈判的信心和能力。采用这种开局策略时，要综合考虑多种因素，例如自己的身份、与对方的关系、当时的谈判形势等。

（2）过程中策略。

第一，引诱报价策略。引诱报价策略是指为了达到己方的目标，在谈判中让对方看到他们可以获取的利益而使用的策略。在采用此策略时要把握好分寸，衡量好成本和收益的差距，引诱价格过低起不到作用，对方不肯让步；如果引诱价格过高就会使自己利益受损失。

第二，报高价策略。"喊高价，出低价"是最有效的报价策略，因为报高价可以提高自己在对方心目中的价值，留下足够的谈判空间，而且这也是一种让对方在谈判结束时产生胜利感的策略。报高价并不意味着漫天要价，而是要以谈判的进行为前提，成功地报出高价可以为后续的谈判奠定良好基础。

第三，吹毛求疵策略。挑剔对方的商品报价、条件等各种细节，据此要求对方做出价格上的让步，采用此策略要注意所选择的挑剔细节要经得起推敲；挑剔要采取各个击破的方式，不要频繁变换挑剔对象；要点到为止，不要穷追不舍，甚至全盘否定。

第四，不开先例策略。该策略是指在谈判过程中处于优势的一方，为了坚持和实现提出的交易条件而采取对己方有用的先例来约束对方，使对方接受交易条件。

（3）结束策略。

第一，总结强调策略。随着双方的讨论接近规定的期限，谈判者可以对双方讨论过的问题进行总结，向对方强调己方已经做出的让步，并在总结中突出对方因接受己方建议所获得的利益。注意这一总结应做到简明、准确。

第二，协调折中策略。采用这种策略通常是在双方的讨论接近尾声，并且双方存在的分歧已经很小的时候。如果因为在微小的、对总体谈判目标的实现并无大碍的问题上进行无休止地争论而损害了彼此间的合作关系是完全没有必要的，此时将双方的分歧进行折中是更加可取的策略。

第三，最后通牒策略。如果想要制止对方无休止地讨价还价，或者想尽快进入最后的让步或者成交阶段，可以采用此策略。通过向对方下最后通牒来表明己方的强硬态度，这种策略具有一定的刚性，不推荐在需要诚意和信任的谈判中使用。

第四，关联让步策略。基于对方已经做出让步，主动地给予对方一个相关的让步作为回报。这种策略通常在一些焦点问题已经达成一致意见时使用，可以快速有效地解决余下问题，结束谈判。

二、铁路工程项目的物资管理

（一）铁路工程项目的现场管理

1. 铁路工程项目现场管理的含义与特点

（1）现场管理的含义。所谓现场，就是企业进行设计、生产和销售产品或提供服务以及与顾客沟通的地方。简单地说，现场就是企业人员从事生产经营活动的各种场所。现场是一个集合的概念，具体又可以分为生产作业现场、设备现场、质量现场、实验现场、物流现场、运输现场和安全环境保护现场等。

现场管理可以分为广义的现场管理和狭义的现场管理。广义的现场管理就是指对企业所有生产经营活动场所的管理。狭义的现场管理，主要是指对企业生产作业现场的管理。它主要是针对企业的各个生产车间以及为生产车间服务的料场、仓库、运输等生产作业场所的管理。为了确保企业的良性运作，对企业的所有生产经营活动场所，都必须实行科学管理。

但是，任何管理都有他的侧重点。在企业的所有生产经营活动场所中，生产作业现场是最重要的。目前，一般所说的现场管理，主要是对狭义现场管理来说的。

目前，现场管理不仅局限于原来的保持生产现场的环境整洁和现场井然有序，而且要在此基础上实现现场管理系统的优化。现场管理系统的优化是更高层次的现场管理。它是以提高各项工作质量，特别是以提高产品质量为核心的强化基础工作的一系列的现场管理工作。企业的生产现场基本上是由劳动者、劳动手段、劳动对象等组成。搞好现场管理，提高现场管理系统水平，其实质就是运用科学的管理方法和手段、运用现代的管理思想为指导思想，对各种生产要素进行有效合理的配置和运用，使其形成最佳的组合。

（2）现场管理的特点。现场管理是企业管理中的重要一环，与其他管理相比具有五个特点：

第一，整体性。现场管理属于企业管理这个大系统中的一个子系统。各项专业管理虽然自成系统，但在生产部门必须协调配合。要做好现场管理，就不能孤立地只考虑某一个要素，必须从整体出发，实行统一指挥，不允许各部门或是小团体违背统一的指挥。

第二，基层性。管理一般分为3个层次，即最高管理层的决策性管理、中间管理层的执行性与协调性管理、初级管理层的控制性现场管理。现场管理属于具体业务的管理，它

由企业的各个车间各个科室来具体执行，因此属于基层性工作，它是企业管理的基础。现场管理的水平体现了一个企业整体的管理水平。

第三，动态性。随着科学技术的发展，生产环境的日益变化，生产中各个生产要素也不断发生变化。现场管理必须根据变化着的生产环境进行不断的调整。现场管理是一项长期的、经常性的任务，不能一蹴而就，必须坚持不懈地努力。

第四，全员性。现场管理工作涉及企业的各个方面和各个部门，直至每一个人。现场管理的核心是人，人与人、人与物的组合是现场管理要素最基本的组合。搞好现场管理不能仅仅依靠几个少数的管理人员，而必须依靠企业的全体职工，也包括企业的各级领导。

第五，综合性。现场管理是一种全面的管理，它与企业各项工作都发生关系，并渗透到各项工作的全过程中，是一项综合性的管理工作。例如，生产管理、质量管理、设备管理等各项专业管理的内容都会在现场管理中得到体现。

想要做好现场管理工作，除了考虑上述一般的特点之外还要考虑各个行业和各个企业的具体情况。在不同的行业中依据各自不同的特点和要求来进行现场管理。

2. 铁路工程项目现场管理的方法与任务

（1）现场管理的方法——5S管理。5S管理起源于日本，通过规范现场管理，营造良好的工作环境，培养员工良好的工作习惯，其最终目的是提升人的品质。5S管理就是整理、整顿、清扫、清洁和素养这5个项目，因为日语里的罗马拼音均以"S"开头而称为5S管理。5S活动不仅能够改善生产环境，还能提高生产效率、产品品质、员工士气，是其他管理活动有效展开的基石之一。

第一，整理。整理就是将必需物品与非必需品区分开，必需品摆在指定位置挂牌明示，实行目标管理，不要的东西则坚决处理掉，在岗位上不要放置必需物品以外的东西。这些被处理掉的东西可能包括原材料、辅助材料、半成品和成品、设备仪器、工模夹具、管理文件、表册单据等。整理的目的是使现场无杂物，通道顺畅，腾出空间，改善作业环境和增加作业面积，提高工作效率；减少剐蹭的机会，保障安全，提高产品质量；消除管理上的混乱，使工作效率提高；塑造干净、清爽的工作场所；有利于减少库存，节约资金；使工作作风改变，员工心情变得舒畅，提高工作热情。

第二，整顿。整顿就是将必需品依规定定位、方法摆放整齐有序，明确标示。简单地说，就是要将必需物品放于使用者能立即取到的位置。整顿的目的是不浪费时间寻找物品，提高工作效率和产品质量，保障生产安全；工作场所干净整洁、一目了然；工作秩序井然有序，提高工作效率。

第三，清扫。生产现场往往会产生灰尘、油污、垃圾等，从而使现场变得脏乱。现场脏乱会使设备精度降低，故障多发，影响产品质量和工作效率。因此，必须通过清扫来

清除那些赃物，创建一个干净整洁的现场。清扫一般是指清除现场内的脏污、清除作业区域的物料垃圾。清扫的目的是清除"脏污"，保持现场干净、明亮，从而使产品的质量提高、工作人员心情愉快减少工业伤害事故等。

第四，清洁。清洁是在整理、整顿、清扫之后的工作，认真维护已经取得的成果，事情保持完美和最佳的状态，并将整理、整顿、清扫进行到底，使之制度化、标准化。清洁的目的是认真维护并坚持整理、整顿、清扫的效果，使其保持最佳状态。形成卓越的企业形象、文化。

第五，素养。素养主要是针对公司的人员来说，对于规定了的事情，大家都要按照要求去执行。公司可以通过晨会等手段，增强每位员工的规章制度、工作纪律意识。素养就是指人人按章操作、依规行事，养成良好的习惯，使每个人都成为有教养的人。素养的目的是促使人人有礼貌，重礼节，进而形成优良的风气，创造和睦的团队精神。让企业的每个员工，从上到下，都能严格遵守规章制度，按标准作业，培养有良好素质的人才。创造一个充满良好风气的工作场所。

（2）现场管理的任务。现场管理的基本任务就是运用组织、计划、领导、控制、创新等职能，把投入企业生产过程的各种要素有机地结合起来，形成一个系统化的体系，按照最经济的方式，不断地生产出满足社会需要的产品或服务。现场管理具有以下任务：

第一，建立正常的生产秩序和文明的生产环境。一个企业的生产现场是否具有良好的生产秩序，对生产效率、产品质量具有重要影响。有了良好的生产秩序，就能使生产有条不紊地进行，减少差错，避免事故的发生，提高效率，保证质量。这是实现生产过程良性循环的重要前提。企业要想稳定地生产出用户满意的优质产品或服务，必须有一个整洁、明亮、安全的作业环境。因此建立正常的生产秩序和文明的生产环境是搞好现场管理、实现现场管理系统优化的一项重要任务。

第二，实现各种要素的合理结合。在现代化大生产的条件下，企业的各种要素主要是指人、财、物以及整个生产过程正常进行的各种信息。这些要素既是生产活动必须具备的前提，又是实现企业生产经营目的的重要保证。要充分发挥各项要素的作用，除了使各项要素在质量、数量和时间方面必须符合生产经营过程的需要外，还要使各项要素在生产经营过程中有效地结合起来，形成一个有机体系。这种结合越紧密，劳动效率就越高，产品质量就越有保证。搞好现场管理，实现现场管理优化的核心也就是要促进各项要素在生产经营过程中的合理结合。

第三，提高企业的经济效益。企业经营与管理是以提高经济效益为中心的，现场管理既然是企业管理的一个重要组成部分，那么现场管理同样是以提高经济效益作为自己的一项重要任务。现场管理做好了，就能够实现正常的生产秩序和文明的生产环境，实现各个

要素的最佳结合。这样才能实现投入少产出高，实现经济效益上的提高。企业必须以提高经济效益为前提才能使企业获得可持续的发展。

3.铁路工程项目现场的材料管理

（1）铁路工程项目现场材料管理的内容

第一，材料计划管理。项目开工前，向企业材料部门提出一次性计划，作为供应备料依据；在施工中，根据工程变更及调整的施工预算及时间，企业材料部门提出调整供料方案，作为动态供料的依据；根据施工图纸、施工进度，在加工周期允许时间内提出加工制品计划，作为供应部门组织加工和向现场送货的依据；根据施工平面布置图对现场设施的设计按使用期提出施工设施用料计划，报供应部门作为送料依据；按月对材料计划的执行情况进行检查，不断改进材料供应。

第二，材料领发。施工现场严格实行限额领料，领退料手续齐全，进出场材料要有严格的检验制度和必要的登记手续，并建立健全材料节约台账。凡有定额的工程材料，凭限额领料单领发材料；施工设施用料也实行定额发料制度，以设施用料计划进行总控制；超限额的用料，用料前应办理手续，填报限额领料单，注明超耗原因，经签发批准后实施；建立领发料台账，记录领发状况和节超状况。

第三，材料进场验收。为了把住质量和数量关，在材料进场时材料人员必须根据进料计划、送料凭证、质量保证书或产品合格证，进行材料的数量和质量验收；验收工作按质量验收规范和计量检测规定进行；验收内容包括品种、规格、型号、质量、数量、证件等；验收要做好记录、办理验收手续，对于每批进场钢筋、水泥、砂子、石子等材料实验部门都要实验，并出具检验和实验报告；对不符合计划要求或质量不合格的材料应拒绝验收。

第四，材料的储存与保管。进库的材料应验收入库，建立台账；施工现场材料保管，应依据材料性能采取必要的防雨、防潮、防晒、防冻、防火、防爆、防损坏等措施，贵重物品、易燃、易爆和有毒物品要及时入库，专库专管，加设明显标志，并建立严格的领退料手续；施工现场材料的放置要按平面布置图实施，做到位置正确、保管处置得当，合乎堆放保管制度；要做到日清、月结、定期盘点、账实相符。

第五，材料回收。班组余料必须回收，及时办理退料手续，并在限额领料单中登记扣除。设施用料、包装物及容器，在使用周期结束后组织回收，建立回收台账，处理好经济关系。

第六，材料使用监督。现场材料管理责任者应对现场材料的使用进行分工监督。监督的内容包括：是否按设计合理用料，是否认真执行领发料手续，是否做到随用随清、随清随用、工完料退场地清，是否按规定进行用料交底和工序交接，是否做到按平面图堆料，

是否按要求保护材料等。

第七，周转材料的现场管理。施工现场各种料具按施工平面布置图指定位置存放，并分规格码放整齐、稳固，做到一头齐，一条线，砖成丁成行，砂、石和其他散料成堆，界限清楚，不得混杂，标志明确。零配件要装入容器保管，按合同发放；按退库验收标准回收，做好记录；建立维修制度；按周转材料报废规定进行报废处理。

（2）项目施工现场材料管理的过程。

第一，施工前的准备工作。施工前的准备工作是现场材料管理的开始，为材料管理创造良好的环境和提供必要的条件。其主要内容包括：了解工程进度要求，掌握各类材料的需用量和质量要求；了解材料的供应方式；确定材料管理目标，与供应部门签订供应合同；做好现场材料平面布置规划；做好场地、仓库、道路等设施及有关任务的准备。

第二，施工中的组织管理工作。施工中的组织管理工作是现场材料管理和管理目标的实施阶段，其主要内容包括：合理安排材料进场，做好现场材料验收；履行供应合同，保证施工需要；掌握施工进度变化，及时调整材料配套供应计划；加强现场物资保管，减少损失和浪费，防止丢失；组织料具的合理使用。

第三，施工收尾阶段。施工即将结束时，现场管理工作的主要内容包括：根据收尾工程，清理料具；组织多余料具退库；及时拆除临时设备；做好废旧物资的回收和利用；进行材料结算，总结施工项目材料消耗水平及管理效果。

（二）铁路工程项目的仓储管理

1.储存规划

（1）仓库的分配。仓库的分配，指的是将每一种物料放到适当的储存地点进行保管。施工现场的仓库一般分为三种：水泥库、材料库、工具库。由于材料、工具的种类较多，某几种可能不互容，故对材料库、工具库的分配需要考虑以下三点：

第一，保管区的划分。一般来说，划分保管区的方法有按物料的种类和性质划分、按物料流向划分、按不同货主划分、按物料危险性划分、混合划分。其中混合划分是指混合使用前面四种方法，通常情况下，专用物料按流向或货主的不同来划分，通用物料则按照种类和性质来划分。

第二，库房的分配。合理分配库房是搞好保管的基础，它需要综合考虑各方面因素：物料的理化性质、加工程度、本身的价值、用途和作用、批量大小、单位重量和体积、在库保管时间的长短、仓库所在地的地理气候条件、储存物料的季节等。

第三，在同一库房存放的物料应具有互容性。一般不能同库储存的物料包括：相互之间发生影响的物料，比如会互相发生反应的两种化工产品；保管条件不同的商品，因为若

要一个库房同时满足两种或几种保管条件（如温度、湿度等）是很不经济的；作业手段不同的物料，如果同库保存的物料重量不同，就需要配置多种设备来进行作业，这会影响设备的使用率。

（2）仓库的布置。仓库的布置分为保管区域的布置和非保管区的设施。保管区域的布置分为以下两类：

第一，空间布置。空间布置又称竖向布置，合理的空间布置能够充分地利用仓库的空间，提高收发物料的效率及储存质量。通常，空间布置的形式有就地堆垛、使用料架、空中悬挂、采用架上平台。

第二，平面布置。仓库的平面布置，是对库房、料棚、货垛、料架、垛间距等进行规划，正确处理它们在平面上的相对位置。平面布置可以分为垂直式和倾斜式两种：①垂直式布置指的是货垛与仓库的侧墙相互垂直；②倾斜式布置指的是货垛与仓库的侧墙或主通道呈30°、45°或60°夹角。

非保管区域包括通道、墙间距、收发货区、管理人员办公地点等。其设置包括以下四点：

第一，墙间距的布置。如果物料紧挨库墙摆放，那么它们很容易受到仓库外温度及湿度的影响，不利于储存因此物料的摆放应与墙体保持一定距离。一般墙间距的宽度为0.5m左右，如果将它同时作为副通道使用，须加宽一倍。把墙间距当作副通道可以使库内通道形成网络，利于进行作业。

第二，通道的布置。主通道的宽度一般为1.5～3m。副通道的宽度要根据作业方式和货物的体积大小来定，一般副通道的宽度大约为1m。

第三，管理人员办公地点的布置。理论上，仓库管理人员的办公地点可设在库内或库外。但在实际操作过程中，把管库人员的办公室设在库内，尤其是单独隔成房间，既不经济也不安全。所以办公地点最好设在库外，从而使仓库能存放更多的物料，提高空间利用率。

第四，收发货区的布置。收发货区应靠近库门和主通道。如果专用线在库房外，收货区则应设在专用线的一侧，发货区应设在靠近公路一侧；如果专用线进入库房，则应将收货区设在专用线两侧。设定收发货区的面积大小，应考虑的因素有一次收发的批量、物料的品种数、供货和用货单位的数量、收发作业的效率、仓库的设备情况、收发货的均衡性、发货制度、送货制度和领货制度。

2. 堆垛设计

库内物料堆码要留出适当的距离，俗称"五距"：①顶距，平顶楼库顶距为0.5m以上，人字形屋顶以不超过槽梁为准；②灯距，照明灯要安装防爆灯，灯头与物料的平行距

离不少于0.5m；③墙距，外墙0.5m，内墙0.3m；④柱距，一般留0.1～0.2m；⑤垛距，库房通常留0.5～1m，货场一般不少于1.5m，对易燃商品还应留出适当的防火距离。

3. 货位编码与分配

（1）常用的编码方式

第一，商品类别方式。商品类别方式指的是将相关的商品区分为几个大的类别，再对每个大类进行编码。这种方式适用于按类别储存或品牌差距大的商品，如食品、服饰等。

第二，地址式。地址式是指利用保管区中现有的参考单位，如区段、排、行、层、格等，按相关顺序进行编码。

第三，坐标式。坐标式指的是利用x、y、z空间坐标来对货位进行编码，这种方式直接对每个货位进行定位，在管理上比较复杂，适用于周转率较小、储存时间较长的商品。

第四，区段方式。区段方式指的是先把货区分为若干个区段，然后再对每个区段编码。由于这种编码方式是以区段为单位，每个号码代表的储区较大，因此，通常用于单元化装载物料的储存。

（2）货位分配的方式

第一，计算机辅助分配。计算机辅助分配是指管理人员利用图形监控储位管理系统收集货位信息，并实时查询货位使用情况，根据得到的信息分配货位。

第二，计算机全自动分配。计算机全自动分配是指利用各种现代化技术收集货位信息，然后由计算机完成货位的分配，不需要人的参与。这种分配方式的效率很高，而且出错率低，但是用于设备投资和维护的费用高。

第三，人工分配。人工分配是指凭借仓库管理人员的知识和经验对货位进行分配。使用人工分配虽然可以降低计算机等设施设备的投入，但是分配效率得不到保证，只有在管理人员有丰富的经验和知识的情况下，才能进行出错率较低、有效率的分配。目前，施工现场的货位分配均采用这种方式。

（三）铁路工程项目的库存管理

库存是企业在生产运作过程中为现在和将来的消耗或者销售而储备的物品。库存本身存在一定的弊端，如占用大量资金、发生库存成本、管理问题、损耗等，但是适当的库存对于企业非常重要，合理控制库存可以起到缓冲作用。

1. 基本的库存管理模型

库存管理是指在保障供应的前提下，使库存物品的数量最少所进行的有效管理的技术经济措施。库存管理的主要目的是在满足市场销售需求的同时降低库存成本。

良好的库存管理可以降低库存成本，减少资金占用，同时又能保持适当的客户服务水

平，即保证项目的施工进度。库存管理的总体目标是在库存投资以及保证项目的顺利进行之间寻求一个平衡点，在这个平衡点上，企业能够以最少的投资达到较高的服务水平并且保证施工项目正常运作。

常用的库存管理模型有以下三类：

（1）定量订货模型。定量订货模型也称订货点控制，当库存量下降到预定的最低的库存数量（订货点）时，按规定数量（一般以经济订货批量为标准）进行订货补充的一种库存管理方式。

定量订货模型要求订货批量、订货警戒线是确定的。因此，对于所储物资具备进行连续检查条件、价值较低的非重点控制物资、市场上易于采购的物资可采用定量订货模型。在定量订货模型中，最主要的是需要确定经济订货批量。

订货批量是指消耗一次订货费用一次采购某种产品的数量。经济订货批量是按照库存总费用最小的原则确定出的订货批量，这种确定订货批量的方法就称为经济订货批量法。计算经济订货批量的目的是平衡订货成本和持有成本之间的关系，使得库存总成本最小。

（2）定期订货模型。定期订货模型是按预先确定的订货间隔期间进行订货补充的一种库存管理方式。在需求确定的情况下，采用连续检查控制方式或周期检查控制方式，其实际的库存管理策略是相同的，但在需求不确定的情况下，采用周期检查控制方式，采用固定的订货周期，每次的订货批量根据现有库存量不同，随需求变化而变化。

由于固定订货期系统的库存储备量的变化波动较大，因此，一旦订货周期确定后，日常的库存管理工作主要是确定每次的进货量，控制库存的总体水平。此时的订货批量，要满足两方面用途：①满足订货周期加上订货提前期内的平均需求量；②满足安全储备之用。

需要定期盘点和定期采购或生产的物资（需要成批生产的各种原材料、配件、毛坯和零配件等），具有相同供应来源的物资（同一供应商生产或产地在同一地区的物资），需要计划控制的物资（价值较高的物资）可考虑采用定期订货控制系统。

（3）ABC分类法。依据所考虑的事物在经济和技术等方面所具有的特点，ABC分类法将其分为A、B、C三类，按照其对于企业的重要性的不同，对这些因素进行排序，从而使得管理者可以将主要精力放在那些重要的因素上。因此，运用该方法的第一步是企业要弄清影响其库存的因素有哪些，然后厘清主次，将起关键作用和起次要作用的因素区别开来，有针对性和有侧重点地进行管理

进行ABC分类的具体步骤有以下三条：①根据企业的库存物资信息，将各库存物资占用资金的情况进行汇总，计算出各种物资占用库存资金比例；②根据占用资金情况，按从多到少的顺序依次排列；③考虑占用资金情况，将各种物资归入相应的类别，完成分类。

2. 供应链管理视角下的库存管理

传统的库存策略都建立在单个企业的基础上，而各自为政的单独决策方式导致了重复建立库存，使得供应链上保持较高的库存水平，从而造成很大的浪费，无法达到供应链整体最低成本，并且整个供应链系统的库存随着供应链长度的增加还会发生需求扭曲。事实上，在供应链管理环境下，供应链系统各个环节的活动是同步进行的，近年来出现了一些新的供应链库存管理方法：

（1）联合库存管理。与供应商管理库存不同，联合库存管理是一种风险分担的库存管理模式，它强调双方同时参与，共同制订库存计划，使供应链中每个库存管理者从相互之间的协调性考虑，保持相邻两个节点企业对需求的预期一致，消除了需求变异放大现象。由于任何相邻节点需求的确定都是供需双方协调的结果，库存管理不再是各自为政的独立运作过程，而变成供需连接的纽带和协调中心。

联合库存为实现供应链的同步化运作提供了条件和保证，减少了供应链中需求扭曲现象，降低了库存的不确定性，同时提高了供应链的稳定性。联合库存为实现准时采购及精细供应链管理创造了条件，进一步体现了供应链管理的资源共享和风险分担的原则。

（2）供应商管理库存。供应商管理库存这种策略突破了传统条块分割的库存管理模式，体现了供应链集成管理库存的思想，更适应市场变化的要求，是一种有代表性的新库存管理思想。

供应商管理库存是一种有效的库存管理策略，供应商等上游企业基于下游客户的生产经营、库存信息，对下游客户的库存进行管理与控制。这种库存管理策略非常适合库存管理存在较大难度、经济性差的企业。而反观施工企业，一方面，企业库存管理现状使得施工企业迫切要求改善库存管理，降低库存成本；另一方面，现代网络技术的发展为VMI的实施提供了技术支持。此外，在没有大的工程变更的情况下，工程项目一经确定其工程进度、物料需求量都能基本确定，为VMI的实施创造了条件，并且可以依托大型建材市场，形成主要供应商。

3. 零库存管理

零库存，是一种特殊的库存概念，是库存管理的理想状态，它并不要求企业的某些物品的储存量真正为零，而是通过实施特定的库存管理策略，使得物品在供应、生产、销售等一个或几个环节中，不以仓库存储的形式存在，而均处于周转的状态，实现企业库存量的最优化。零库存没有资金和仓库占用，是库存管理的理想境界。零库存管理的主要运作形式如下：

第一，协作分包方式。协作分包方式，即美国的"SUB-CON"方式和日本的"下

请"方式。主要是制造企业的一种产业结构形式，这种结构形式可以对若干企业的柔性生产准时供应，使主企业的供应库存为零；同时，主企业的集中销售库存使若干分包劳务及销售企业的销售库存为零。

在许多发达国家，制造企业都是以一家规模很大的主企业和数以千计的小型分包企业组成一个金字塔形结构。主企业主要负责装配和产品开拓市场的指导，分包企业各自分包劳务、分包零部件制造、分包供应和分包销售。例如，分包零部件制造的企业，可采取各种生产形式和库存调节形式，以保证按主企业的生产速率，按指定时间送货到主企业，从而使主企业不再设一级库存，就能到达推销人或商店销售，可通过配额、随供等形式，以主企业集中的产品库存满足各分包者的销售，使分包者实现零库存。

第二，委托保管方式。委托保管方式接受用户的委托，由受托方代存代管所有权属于用户的物资，从而使用户不再保有库存，甚至可不再保有保险储备库存，从而实现零库存。受托方收取一定数量的代管费用。这种零库存形式优势在于：受委托方利用其专业的优势，可以实现较高水平和较低费用的库存管理，用户不再设库，同时减去了仓库及库存管理的大量事务，集中力量于生产经营。但是，这种零库存方式主要是靠库存转移实现的，并不能使库存总量降低。

第三，准时供应方式。在生产工位之间或在供应与生产之间完全做到轮动，这不仅是一件难度很大的系统工程，而且需要很大的投资，同时，有一些产业也不适合采用轮动方式。因而，广泛采用比轮动方式有更多灵活性、较易实现的准时供应方式。准时供应方式不是采用类似传送带的轮动系统，而是依靠有效的衔接和计划，达到工位之间、供应与生产之间的协调，从而实现零库存。如果说轮动方式主要靠"硬件"的话，那么准时供应系统则在很大程度上依靠"软件"。

第四，轮动方式。轮动方式也称同步方式，是在对系统进行周密设计前提下，使各环节速率完全协调，从而根本取消甚至是工位之间暂时停滞的一种零库存、零储备形式。这种方式是在传送带式生产基础上，进行更大规模延伸形成的一种使生产与材料供应同步进行的，通过传送系统供应从而实现零库存的形式。

第五，水龙头方式。水龙头方式是一种像拧开自来水管的水龙头就可以取水而无须自己保有库存的零库存形式。这是日本索尼公司首先采用的。这种方式经过一定时间的演进，已发展成即时供应制度，用户可以随时提出购入要求，采取需要多少就购入多少的方式，供货者以自己的库存和有效供应系统承担即时供应的责任，从而使用户实现零库存。适用于这种供应形式实现零库存的物资，主要是工具及标准件。

第六，无库存储备。国家战略储备的物资，往往是重要物资，战略储备在关键时刻可以发挥巨大作用，所以几乎所有国家都要有各种名义的战略储备。由于战备储备的重要性，一般这种储备都保存在条件良好的仓库中，以防止其损失，延长其保存年限。因而，

实现零库存几乎是不可想象的事。无库存的储备，是仍然保持储备，但不采取库存形式，以此达到零库存。有些国家将不易损失的铝这种战备物资作为隔音墙、路障等储备起来，以备万一，在仓库中不再保有库存就是一例。

第七，看板方式。看板方式是准时方式中一种简单有效的方式，也称"传票卡制度"或"卡片"制度，日本丰田公司首先采用。在企业的各工序之间，或在企业之间，或在生产企业与供应者之间，采用固定格式的卡片为凭证，由下一环节根据自己的节奏，逆生产流程方向，向上一环节指定供应，从而协调关系，做到准时同步。采用看板方式，有可能使供应库存实现零库存。

第三节　铁路工程项目的精细化管理体系构建

一、铁路工程项目管理

（一）施工项目管理的重点

1. 信息管理

施工项目企业需要构建项目信息中心，完善项目管理数据库，发挥计算机在信息传输以及数据处理中的作用，最终实现对项目进行远程管理和控制。除此之外，还需要强化日常信息管理以及调度管理，在互联网技术的基础上，充分让施工项目管理工作实现程序化和电子化。因此，信息管理工作是施工企业持续健康发展的基础。

2. 进度管理

业主最为关注的管理工作之一就是项目的进度管理。进度管理是在项目经理的组织下，对施工组织设计进行编制，编写施工网络图，组织流水作业，利用一些管理手段，对项目进行全过程的管控。

同时，利用分析、检查以及改进的方式，不断和计划的目标接近，最终实现合同中所规定的进度。因此，需要特别做好进度计划管理、进度分级管理、过程控制、进度检查考核等工作。进度管理工作是对企业项目管理能力进行评价的关键因素之一。

3. 合同管理

项目的管理者特别是对项目经理来说，需要充分熟知有关合同法，合理选用合同的评审和签订、合同谈判和索赔管理、合同风险管控以及合同履约监督等方面。合同管理需

要表现在施工项目管理的整个过程中。从招标到项目的前期策划，然后到项目的实施，再到竣工收尾的管理，分包管理、验工计价以及物资采购等方面都和合同管理存在密切的关系。合理选用项目合同管理能够有效地防止项目管理风险，利用对合同变更索赔，还能够给项目带来效益，合同管理和国家有关政策以及法律法规密切相关，需要充分发挥出合同所起的作用，让施工项目管理持续健康地开展下去。

4. 质量管理

构建以项目经理为第一责任人的质量管理系统。在这个质量管理系统中，对创优规划进行编写，并且确定项目的质量目标。构建责任制，强化施工过程当中的成品保护以及质量控制，有效地促进全面质量管理，建立适合项目经营的质量保证系统。施工企业生命线就是产品质量，当质量出现问题的时候，就会对企业形象、经济效益以及声誉造成比较严重的影响。

5. 成本管理

在工程项目的管理中，工程造价管理是对项目进行管理的重要手段，直接关系到各个工程项目的成败。针对项目成本管理的内容，大致上涵盖：材料采购价格和现场的消耗、施工技术方案和资源配置、机械设备租赁单价和消耗、施工安全状况、项目外部环境、技术创新能力和应用、质量标准和施工的控制水平等。创建和使用项目管理信息平台，协调、组织、监督好工程项目成本管理工作。在建筑项目成本管理项目中，项目管理人员承担费用管理费用的责任，责任费用管理、预算管理、变更索赔管理以及验工计价管理等工作合理选用。

6. 安全管理

创建安全系统，构建以项目经理为领导的安全生产领导小组，组织好风险源辨识、安全隐患排查以及安全教育培训等工作，同时还需要对安全事故处理流程以及应急预案等工作进行编制。在项目的实施过程中，强化日常巡查制度以及日常检查，使不安全的物和事在萌芽阶段得到控制。良好的安全管理就是项目最好的效益管理。

（二）施工项目管理的特征

1. 施工项目管理内容不固定

施工项目随着不同的管理阶段而变化。建筑项目有自己的建筑程序，并需要遵守合理的建筑程序，一个从一开始到最后的项目需要历经几年的建设周期。随着时间持续推进，项目管理的阶段也在发生变化，施工内容也随之改变。

另外，需要施工项目的管理内容就要随着时间的变化而变化。换句话说，施工项目的准备阶段、施工阶段、完成阶段和结束阶段的管理工作不同，因此，管理人员必须充分考虑建筑合同的内容规定、有关条款和反应措施的规定，以及在建设过程中积极主动地管理资源、优化资源、积极重新部署以提高项目工作效率和使项目效益最大化。

2. 施工项目管理者是建筑使用的企业

迄今为止，在我国建筑市场中，是通过建筑施工企业来对项目进行直接管理，通过建筑施工企业作为导向的总承包施工的方式。这种方式和国外发达国家相比有所不一样。发达国家的海外建筑项目是通过设计、建筑等综合咨询公司进行的，在这些项目中，设计代表和工业代表也参加了。

3. 施工项目管理对项目的管理组织机构和管理职能进行加强

施工项目管理主要是对管理者解决问题的能力进行强调。需要加强项目的管理职能以及组织机构。项目施工是劳动力比较密集的工作环境，参加的人员比较多，并且综合素质不一。这就造成了出现许多生产组织工作，要强化项目管理组织机构管理协调能力，进一步保证项目的顺利运行。每一个施工项目有着不同的特点。在施工生产活动中所涉及的因素比较多。因此，施工项目管理当中很难执行组织协调工作，情况千变万化。所以，需要强化项目组织协调工作，加强项目管理智能，充分落实项目经理负责制，构建动态的控制系统，只有这样，才可以进一步促进施工项目持续健康。

4. 施工项目管理有着特殊的现实作用

施工阶段是项目施工设计已成为项目实际产品的阶段，基本上，建筑项目管理是整个项目过程中的一项生产管理活动，因此，建筑项目产品的生产活动更具技术性、成本效益、经济和社会性质。人力、财力和物力，以及大量的资源、建筑项目的管理，是确保在施工过程中能够更好地利用资源，并利用资金以确保项目的质量更好。这对我国的经济发展十分关键。

5. 施工项目个性化管理模式

工程项目是一个比较特殊的产品。它主要在合同管理中有所体现，合约条款自始至终都对项目管理的主体进行控制。工程项目的这些特点使施工项目管理模式多种多样。因为项目有着差异化特点，故造成了在项目管理过程中出现许多不同问题，缺少统一的管理流程。这也就是施工企业管理和制造企业管理的根本区别。

二、铁路工程项目精细化管理

精细化管理是一个管理技术和管理理念。在一定程度上，它可以尽可能地降低管理占

有的资源，并且减小管理成本的管理方式。利用对管理流程和管理系统进行不断规范，通过数据化、程序化以及标准化手段，让组织管理各个模块高效、精确的运行。

精细化管理是一种文化和手段。它是始于发达国家的一种企业管理的理念，这是现代管理分工和社会精密服务质量的一个先决条件。建筑项目管理是管理的产物，是以传统项目管理为基础的，传统项目的管理已经深入完善，更具业务性和实质性。

（一）精细化管理的主要内容

工程项目管理指的是施工企业从承接工程开始，经过招投标、施工前准备、施工和竣工、验收的全过程进行管理。施工项目精细化管理是将这些管理的过程和内容进行规范化和数据化。

施工项目的精细化管理对传统的管理模式而言，是一个更先进的管理模式。在全过程的管理过程中，需要对规章制度进行明确和规范。严格控制过程管理，科学地对措施进行分析和改进。

对施工项目的精细化管理来说：

首先，需要对理念进行更新，正确对项目精细化管理内容和要求进行认识。

其次，在全过程精细化管理中，严格对考核管理制度进行考核，构建健全的组织保障系统，最终确保项目精细化管理实现目标。

最后，要认真总结，施工项目精细化管理是一个循环延伸的过程，其是施工企业在当前需要利用的有效管理模式。

与传统建筑项目的经验管理模式相比，建筑项目管理更侧重于系统和标准的重要性，从而使项目管理人员能够改变职能。建筑项目的详细管理并不是对传统的项目管理方式的完全否定，而是侧重于管理中的施工过程的细节计划优化和改进传统管理方法，使项目管理更加有效和更有科学依据，建筑项目的管理主要侧重于使用人才，提高项目质量。精细化管理最后目标就是构建一个适应自身企业完善的管理操作体系，进而确保企业实现利益最大化的最终目标。

（二）精细化管理的基本原则

1.全面性原则

全面性充分表现在了人的因素上。精细化管理需要全体动员和参与。只有充分显露在精细化管理当中每一位员工所占的主体地位，增强员工的工作积极性，才能够充分实现精细化管理全领域、全方面以及全覆盖。事前进行科学决策、事中进行有效控制以及事后进行总结，每一个环节都互相紧扣和关联。

2.系统性原则

施工项目管理过程当中，是对项目管理内的所有活动进行解决，管理追求的主体是化繁为简。这个原则也是施工项目精细化管理需要遵循的基本原则。当项目的管理者应对各种问题的时候，需要全面地进行观察，对出现的各类问题进行综合的思考。

在施工项目管理中经常存在众多共性的问题，只有对各种问题制定切实可行的措施才能够以有效地进行解决。利用程序化、标准化以及系统化的管理，构建科学的、可控的项目管理系统，进而全面提高项目的管理水平。

3.数据化原则

数据管理的原则是，在项目建设过程中，所有管理活动和成果都应通过数据指标进行。项目部门在制定管理决策的时候需要以数据为基础，对管理环节的发展状态进行分析，其中含有具体操作流程以及关键的施工节点控制。通过准确数据来对项目进展情况进行描述。按照数据所统计的结果，对施工项目的数据进行量化管理，进一步健全项目的静态控制、动态管理以及对资源配置进行优化，最终完成项目管理的预期目标。

4.制度化原则

对项目精细化管理来说，要求施工单位构建有助于企业发展文化环境，使用严格的系统、管制、系统和管理人的行为，使雇员能够充分了解"根据程序行事"的必要性和雇员的管理，是实现这些目标的一个先决条件。

企业的战略和业务目标：先进的管理方式必须以确保安全的科学和严格系统为基础。这是加强管理水平和执行效率的一个过程制度，这反过来又提高了建筑公司项目的管理水平和生产能力。

（三）精细化管理的实施方案

1.成本精细化管理实施方案

（1）细化管理降低成本。精细化管理日的就是利用先进管理技术，在企业内部对企业结构进行优化，降低不必要的费用和成本，最终实现最大限度地利用成本。实现成本精细化管理需要合理选用下面几方面：

第一，及时核算材料。在施工过程中，要每天对材料使用进行科学计算，限制材料范围，防止对材料进行粗放式管理。

第二，利用先进技术。在铁路项目施工过程中，需要利用先进技术，降低材料浪费，提升工程质量。

第三，对材料实行保管。如果天气情况变化大，反映在铁路交通上的变化就更大，又其带来的意外原因，有可能会造成财产损失。在造成损失前，有必要对未发生的事件和意外发生后的解决做好相应应对措施，以免造成更大的材料损失。

铁路建设是一个劳动密集型的行业，人的因素在其中发挥着重要作用。由于企业成本管理是全体员工共同参与的管理体系。所以，这就需要让个人能动性充分地发挥，不断激发员工潜能，让员工在企业内部起至关重要的作用。因此，确保充分实现企业精细化管理目标，需要创建完善的长效激励机制以及奖惩措施，不断提高员工工作的主动性和积极性。

（2）优化材料采购流程。材料采购是在第三方购置，然而材料的商人、承包者之间的运作比较复杂，并且环节比较多，存在许多不确定性。因此，一定要对采购流程进行规范，充分实现采购过程简单化，及时地进行信息交流。对承包商和材料业主单位而言，需要构建信息沟通渠道，将信息实现共享。供应商对整个项目材料供应负责，大大缩减了材料购置所消耗的时间，同时节约成本，提高使用效率。最终实现共赢。

2. 项目进度精细化管理方案

（1）合理调整工期施工时间。对管理部门分工问题进行确定。对职责分工，从而保证职责落实到位，同时对其进行备案并成立有关制度，从而防止项目部内出现员工分工不清的现象。

评价制度是最有效的监督制度，其周期不应过于冗长，通常为一个工作日。在信息系统中，如果发现影响工程进展的因素，也需要改正，确定建筑参数是否合适并实时调整，最终实现检测的目的。

（2）构建全面的工期管理系统。所有级别的分包商必须根据工作计划制定一个全面的工程管理系统。一个过程，每一轨道的具体完成时间，以及计划的要求，这是一种微观和微观经济观点，充分实现工程计划和进度有效的配置。

（3）技术和合同管理措施。先进的仪器以及技术能够大大节约资源，提升工作效率，加快工程建设的速度，进一步确保工程高效地完成。

3. 项目人员精细化管理方案

（1）项目部工作人员进行动态管理。项目部对人员缺乏、对一些不称职的人员进行调整。当对人员进行调整的时候，要向企业人事部门提出项目部人力资源配置合理化方案。人事处经与主管当局协商后，应在公司负责人收到管理局批准后进行调整。每年都要对雇员的工作进行评估。

（2）工程队管理措施。工程小组是公司工作人员的主体，涉及建筑工程和控制施工

水平，是公司工作人员的一部分，无论是工程小组的正式工作人员还是外部服务公司的工作人员在建筑项目整个过程中进行协调、控制和管理，根据有关规定，提供奖励和处罚。根据其任务规定，参与监督的工程小组负责分包、购买大量材料和租赁重型设备。对有关工作人员进行调整，并调整工程任务。

此外，需要在工程单元内促进征聘系统，按责任费用分包合同，并将其交给各公司。

（3）用工管理措施。提倡采用劳务分包以及专业分包等多类管理模式共存的用工管理模式。在使用分包商的框架内，项目部门必须向分包商提交一份新的分包合同、一份不诚信名单和所需经费。将不及时提交施工所需材料的分包商列入公司黑名单，对黑名单当中的分包队伍不再进行使用。

4. 项目物机设备精细化管理方案

（1）全面推行周转材料标准化配置。在设计建筑组织设计时，项目部需要适当考虑在开发计划范围内充分应用软件配置材料。材料加工材料的扣减是在物设部进行的，必须尽可能使用标准设计，以加强互操作性，并要求进行经济比较，鼓励工程单位配置业务材料，以便根据现有资金的情况，充分满足不断发展的需要。周转材料管控需要严格遵守权责一致的基本原则。在管理以及购置方面，采用"谁采购、谁管理"的基本原则。

（2）物资集中采购管理。为供应商评价和身份查验程序制定统一标准、充分实施供应商出入系统和采用供应商盘存管理系统。公司拥有的货物、工程设备和项目部门的材料管理服务是中央采购的组成部分。购置材料的范围和类别是根据各类材料、项目的业务量和工人的管理模式采购的，通过企业的授权，采用了采购方式。在招标过程中，需要充分遵守整个过程的监督机制，并以招标方式进行采购谈判。物设部必须对输入材料的数量和质量负责，根据规定的程序来试验和检验，并且构建物资送检台账。

（3）项目部设备租赁须严格执行准入制度。如果租约公司不在租赁公司的名单上登记，则可根据条件事先向租赁公司申请准入许可。根据公司的有关规定，该组织由项目部的物设部负责管理。项目部根据机械设备管理规定，包括租赁设备、所有权设备的管理安排，对整个项目机械设备的运作进行监督和管理，其中涵盖外租设备、自有设备、劳务企业自带设备等。

（4）执行限额领料制度和月末盘点制度。物料盘存以及项目的接收和关闭同时进行。在各种过程中使用了材料基础设施的运作方式，通过电脑化管理来处理。财政部每月对文件进行审查，严格执行材料使用的适用范围，以避免浪费。

5. 质量精细化管理实施方案

（1）按照公司的质量目标和顾客的需求，项目部对项目质量目标进行确定，并对创

优规划等质量管理文件进行编制，同时在实践中严格执行。

（2）工序施工方面，工作人员的培训和书面陈述以及施工过程的质量审查和评价方面，应严格利用"识别系统"。在项目建设之前，它对特殊工作程序和程序进行了定义，并编制了一个操作指南和一个数据采集计划。电子站的记录和录像信息在关闭后一天内提交安全和安保部电站数据的电子记录，并通知公司安全部门。除此之外，每月对旁站资料电子文档进行汇总并且向公司安质部上报。最后，企业按照项目进行存档。

（3）项目部门制定确保质量的措施和防治质量通病的措施，构建完善的质量管理责任制。另外，强化日常的检查、定期对重点部门进行监控，及时根据检验批次来评定制定，并对有关信息进行整理并上报。

（4）强化半成品以及成品保护管理，合理选用防护以及标志等措施，对完成的工程实施验收，并且对有关资料进行整理和收集。

（5）如果出现质量事故。当事故出现之后，项目经理根据规定的程序进行上报，不可以瞒报、谎报，并且制定出整改的对策。经过上级部门审批之后进行整改处理。

（四）精细化管理的实施意义

1. 优化项目内部管控环节

对施工企业来说，主要是利用项目利益的回报来充分满足企业运营发展。施工企业对施工项目进行有效监管也是管理工作当中的重中之重。

目前，施工企业衡量项目经营情况的重要指标是准确的数据以及报表。通过项目管理的计算机化加强对建筑项目的监测、电脑化和建筑项目的专业化和制度化，以及使用标准化的计算机化工具。项目管理构想的统一和程序化，以确保建筑公司在项目管理方面的一致性，从而使建筑公司能够改进项目管理。切实有效地解决建筑公司的战略发展需要。

2. 促进企业持续健康发展

项目精细化管理是企业发展的必然选择。这也是企业持续发展的基本需求。项目精细化管理是通过企业利用有效的资源，高效率、高质量以及高回报地完成任务的一个管理过程。

由于建筑公司的规模扩大，项目管理本身仅是目前发展进程的一部分，远远没有满足基本需要。在程序、系统化、系统化和管理方面，这也是完成管理工作的主要内容。整体看来，当前施工企业要想持续健康地发展必须依靠精细化管理来完成。

3. 强化项目部门内部管理

由于环境、条件以及区域等方面的不同，施工项目管理存在不同的特点。根据传统的

管理模式，项目部需要根据不同的条件来针对性地制定管理制度。由此看来，因为受到企业场所和办公地点条件的制约，项目部门人员多数情况下是跟着项目走，流动性比较大，进而使许多项目的管理制度存在不统一的现象，执行力度比较小。因为项目内部管理存在差异，普遍出现有章不循等问题。

如果出现上面几方面的问题就会使施工企业项目管理效率比较低和管理混乱。项目精细化管理能够进一步对项目内部管理进行规范，是利用对项目当中某个的经营管理活动进行规范，对企业内部管理之间的关系进行清楚的梳理，进而对项目管理结构进行优化，大大提高项目内部管理水平和管理质量，最终实现施工企业持续健康地发展下去。

4. 建筑业持续发展的必然趋势

随着我国现代化建设不断深入，我国建筑行业竞争越来越激烈，同时施工企业面临的挑战也不断研究，但是同时，这也是施工企业发展的重要机遇。从其他的产业领域发展过程来分析，施工企业也将根据各产业领域发展状况以及规律来保持发展和生存。

施工企业要想健康发展，就要充分利用精细化管理。这也是建筑业发展的必然趋势。竞争能够让施工企业有着较强的调控能力。竞争结果能够让发展好的企业具有潜力和魅力。建筑公司建立严格的管理制度可以提高市场的竞争力，在日益激烈的市场竞争的情况下，建筑项目必须实施精细化管理。

只有构建完善、合理以及科学的项目精细化管理体系，才可以迅速地提高企业管理能力，才能够充分满足建筑业日益增多的发展趋势。

第三章 铁路工程项目管理的创新应用研究

第一节 信息化技术在铁路工程项目管理中的应用

"新时期，为了提高铁路工程建设水平，信息化技术是不可或缺的一部分，它可以在项目建设的过程中实现信息资源共享，不断强化工程建设项目的管理。"[①]铁路工程管理平台可以进行一站式服务、一体化操作，并积累大数据；管理平台内部分为许多不同的模块，并可根据需要安装施工组织设计、桥隧等工程形象化展示、隧道安全步距管理、超前地质预报系统、隐蔽工程影像资料系统、电子施工日志系统、视频监控系统等不同系统。

因此，应当探索将信息化技术与铁路工程管理平台结合起来，积极开展铁路工程建设项目管理。信息化技术在铁路工程管理项目中可以有以下应用方面：

一、应用施工组织管理系统、电子施工日志管理系统进行进度管理

在施工组织设计完成后，管理人员可通过施工组织管理系统实施全过程进度控制。应用施工组织管理系统，以施工进度为主线，以节约施工时间、优化资源配置为目标，结合工程项目的实际情况，对铁路工程建设项目进行全项目、全过程、全要素、全目标规划、组织与控制。该系统具有进度预警功能，可以对重点工程及关键点进行进度预警，提醒管理人员提前采取措施管控施工进度。管理人员还可通过系统自动生成的形象进度图与甘特图追踪查看施工进度，并分析滞后原因。

电子施工日志管理系统，综合复用智能手机、平板、移动互联网、大数据分析等先进技术，采集并记载施工现场技术、进度、安全、质量控制过程等施工活动的详细信息，实现了日志同步填报。电子施工日志管理系统通过网络技术，为铁路工程建设项目精细化管理提供详细、准确的第一手资料。应用电子施工日志管理系统，可以对整个施工过程进行连续记录，掌握施工活动中的一切信息，预测施工进度的发展趋势，并根据总施工计划实施有效的进度控制。

管理人员应用电子施工日志管理系统，还可以随时掌握各施工过程持续时间的变化情况，及施工内部条件与外部条件的变化，及时发现影响施工进度的问题并分析这些问题的

---

① 叶晋. 信息化技术在铁路工程建设项目管理中的应用研究 [J]. 科学与财富，2020，12（31）：210.

成因，运用PDCA循环，采取可行的组织措施、技术措施、经济措施，不断提高进度管理的水平。

二、应用施工组织设计系统进行施工组织设计

应用施工组织设计系统，详细采集施工路线的地理位置、地形、地貌、气象特征、工程地质条件、水文条件，以及具体的施工条件、施工难点等数据资料，继而运用平均缩短法与重点设点法，为各个工种、各个专业、各个施工部门计算并分配好各自的施工时间、施工材料、施工机具、资金、工程量，尽可能合理、均匀地分配好各种资源，明确主要工艺流程、流水作业与平行作业的具体安排，确保各技术专业协同配合，确保各项工序前后衔接；把施工组织做好、做细。

在做好施工组织设计后，还须应用施工组织设计系统，根据合同工期、实际施工条件计算出建设工期，继而根据现有的施工建设水平、施工工艺以及施工机械装备水平，确定建设工期定额。并综合考虑设计变更、材料、设备、人力、资金不到位、恶劣的自然条件等各种不可测因素，然后生成施工总体计划。继而根据施工总体计划，为各支施工队伍制订精细的年度施工计划、季度施工计划、月度施工计划。

三、应用铁路工程管理平台进行成本信息化管理

应用铁路工程管理平台人员管理模块、机械设备管理模块、物资管理模块，可以详细统计各参建单位的施工人员、施工时间，详细掌控各施工单位所使用的施工机械的数量、编号、规格、进场时间、出场时间、机械状态，以及各个施工环节、标段上的物资消耗。这三个方面统计出来的数据可以全面反映出施工中的真实成本消耗，管理人员根据这些实际数据绘制成本消耗的动态曲线，比较成本实际消耗与计划消耗两者之间是否出现偏差，继而采取针对性措施，管控好成本支出，预防超支。

四、依托超前地质预报、视频监控系统开展安全风险管理

铁路工程建设涉及的专业多，工程量大，需要克服复杂的地质条件，在施工现场组织大规模的地下作业、露天作业，施工中的不确定因素多（包括坠落、坍塌、爆炸、触电等等），风险管理难度较大。

因此，应当依托铁路工程管理平台，建立安全管理信息平台与安全风险数据库，详细辨认、识别、搜集、整理铁路施工中的各种风险源，并通过视频监控系统、多媒体技术对施工现场实施不间断的实时监控，从而帮助管理人员掌握现场施工过程，强化对现场机械、设备、材料、人员的监管，继而规范施工行为，降低安全事故的发生率。此外，还可通过安全管理信息平台向全体施工人员反复灌输安全教育的信息，使大家掌握安全生产的

基本常识，加强自我保护。

安全风险管理的另一方面是开展积极的安全风险预测。这就需要将超前地质预报技术与安全管理信息平台结合起来，运用超前地质预报系统及时探明施工现场前方的地质情况、地下水水位，以及施工现场前方围岩是否出现位移或受力异常；安全管理信息平台根据超前地质预报系统探测的数据分析、预测施工是否面临塌方、涌水、涌泥等意外风险，并积极进行预警提示，从而保证施工安全。

第二节　PDCA 循环在铁路工程项目管理中应用分析

一、计划

（一）监理单位评审进度计划

当监理单位收到由施工单位提交的关于工程进度计划时，就应该开始组织专业工程师对项目进行评价调查。同样单位在投标时考虑到铁路项目建设单位工期的需要，会在合适的范围内刻意做一些调整。

即使是中标之后的进度计划书都可能是站在利益最大化的角度来考虑如何变更部分项目的工期。因此，监理单位必须及时根据合同为施工单位提供合适的人力资源，对施工设备及施工进度计划进行分析。使铁路项目建设单位能够在合法范围内得到合同保障的最大利益。

（二）施工单位提交进度计划

通过招标程序确定施工单位后，铁路项目建设单位将要求施工单位提供更详细的施工设计。施工设计要包含为按期完成项目制订的详细的工程施工进度计划。通过进一步了解现场施工环境、施工条件，施工单位可以在招标时计划书的基础上做进一步的调整，使之更加合理可行。

（三）铁路工程项目建设单位确定进度计划

监理单位评审项目工程进度后，必须要求铁路工程项目的相关管理人员重新进行讨论和研究，并且将重新讨论的结果作为制订进度控制计划的基础。为了使项目的风险得到更加有效的控制，同样也要对出现好坏的状况进行考虑和预测。铁路工程项目相关的建设单位应该以此作为依据，对项目进度时间做好把握和跟踪控制，以便及时做出相应的应对措施。

二、实施

当项目进入实施阶段，施工单位按照已拟订好的计划和工序进行施工。在这一阶段过程中，项目的实施一般会遇到设计临时变更、施工单位资源投入不足、外部条件变化等情况。

材料供应出现问题以及环境条件等因素的不利影响，是实际情况中会导致施工进度以及施工工序产生问题的原因，而如何采取相应的应对措施，在最大的范围内减小这些因素对施工进度产生的不利影响，以便加强对进度的管理，就需要铁路项目建设单位、监理单位能够及时预防或者在发现问题后积极处理问题，对未发生的及时预防，对已发生的影响进度的情况积极应对。而铁路项目建设单位要注意：

第一，帮助施工单位排除外部事件的干扰，以确保正常的工作秩序。

第二，按照计划书实施工程。施工过程中监督施工单位。

第三，确保由铁路工程项目建设单位提供的主料的供应。

第四，确保各种合理的关于工程进度方面的款项都应该及时处理及支付，以确保施工单位具有一定良性流动的资金。

第五，严格控制并把关各类延长工期的申请，在最大限度上减小工期延长的可能性。

三、检查

（一）收集有关铁路工程项目进度信息

第一，施工单位应严格按照要求定期及时地上报工程进度报表材料，监理单位在审核后上交铁路项目建设单位。

第二，全面细致掌握工程现场动态，定期调整制订的进度计划。

第三，掌握各种原材料需求的情况，利用管理工具来确定所有主要材料的供应情况。

第四，根据项目的规模和复杂程度，决定技术负责人（或总工程师）建立项目技术管理体系。铁路工程施工现场技术管理的主要内容包括施工过程技术管理、施工技术基础管理、工程试验和检测工作、技术开发管理和技术总结及现场成本管理。

第五，对项目建设成本进行预测、计划、控制、核算、分析与评估。整理信息化水平的报告。

（二）跟踪检查进度执行情况

工程建设中，铁路项目建设单位项目经理应更加有效合理地控制项目进度管理的相关事宜，自行制订一套进度计划。此计划的基础要建立在收集的综合信息上，之后进行不断

调整。并且对影响项目的十分关键的环节进行重点跟踪。将自己制订完善后的计划与施工单位所提交的计划进度进行对比，及时发现会延迟的项目并加以修改完善。分析其工作是否超过总时差或自由时差，以此来判断其方案在整个项目进度计划中对后续项目及整体进度可能导致的后果。

四、处理

在铁路项目建设过程中，如出现上述的可能会不利于计划进行的因素，项目经理应该及时采取行动，以减少或消除对不利于项目进度的一些影响。

第一，及早发现问题，防止一系列不确定性事件的发生。在检查阶段，发现可能会使项目进度大幅度落后于计划进度的某些因素，应采取果断措施，避免产生负面影响。

第二，在施工过程中，对工程设计变更的进展产生较大影响的情况下，铁路项目建设单位应协调设计单位立即下发关于修改设计方案的通知。监督施工单位及时就修改的设计提出相应的合理建设程序。如工期不能进行调整，应该拟定措施，在合同的合理范围内给予经济补偿加快工程，以避免施工单位因资金问题而产生懈怠情绪。同时，在其他可以加快的环节尽量缩短时间。

第三，设立项目进度奖。在各个主要的节点上可以对表现良好的人或者施工团队进行适度的奖励，以此来提高施工单位的积极性和主动性。

第四，项目管理人员应建立账目计划，并且在项目实施的过程中对项目的更改、可能发生保险事故获得赔款的事件进行跟踪记录，用于在日后需要时可以用以佐证或者是在事件发生时提出完整可靠的方案。

形成例会制度的意识，养成沟通习惯。项目管理人员通过与监理单位、施工单位的沟通过程中，不仅需要了解工程的进度，对两者的情况以及关系都要进行了解，避免在工程实施时项目因两者之间沟通失误偏离于计划。

第三节　BIM 技术在铁路工程项目管理中的创新应用

一、引入 BIM 技术的原因

"BIM 技术，是利用数字化技术在计算机中建立虚拟的建筑工程信息模型。BIM 技术不仅能建立三维模型，更能整合参与建设项目各方的数据信息，给参与各方带来不同的应用价值。"[①]引入 BIM 技术的原因有以下方面：

---

① 尹越琳.BIM 技术应用研究 [J]. 江西建材，2017（3）：298.

第一，工程面临营业线点多线长，涉及多个专业，协调难度大，利用BIM协同平台提高协同效率。

第二，站改复杂，安全风险高，各工序穿插施工，通过对施工组织方案进行模拟保证施工安全有序进行。

第三，座隧道长，地质复杂，工期压力大，通过进度管控保证节点工期。

第四，连续梁、顶进涵、公跨铁数量多、施工难度大，通过BIM技术对专项施工方案进行模拟保障了施工安全、提高了现场施工质量和效率。

鉴于以上工程重难点，在项目前期策划过程中决定引入BIM技术以解决施工现场难点问题，提高施工质量、保证施工安全、为工程增收创效。

二、BIM技术的应用

（一）BIM技术的总体思路

项目BIM技术应用总体思路为：采用自主建模和自主应用的模式开展相关BIM技术应用，成立项目BIM技术应用攻关小组，BIM应用平台为企业自主研发的"Real BIM协同管理平台"。

主要应用组织架构分为三级，第一层级公司BIM研究院，第二层级公司科技开发部，第三层级项目BIM小组。BIM研究院负责BIM技术应用的宏观政策导向、组织保障，公司科技开发部负责项目BIM技术应用的技术支持与培养相关BIM应用人才，项目BIM小组为BIM技术应用的具体实施单位。

项目相关部门人员组建BIM团队，进行项目施工过程的BIM技术应用，应用过程及时反馈相关问题，公司给予解决。通过上下联动的方式，结合项目的具体施工难题开展相关BIM技术落地应用，同时在项目施工前期使用BIM技术，保证发挥出BIM技术的最大化效益。

（二）BIM技术的应用实践

1. 组建团队

项目组建了BIM技术应用攻关小组，领导作为小组组长负责BIM技术的整体应用，克服项目BIM技术应用的中层阻力，项目BIM技术小组人员均取得相关BIM技能认证。

2. 配备软硬件

配备了相关建模软件及BIM应用软件，均为正版软件，在软件方面保障BIM技术被顺利应用。硬件方面，建模端，计算机硬件平台为联想M8450T专业级图形工作站或更高

配置，计算机数量满足BIM工作各相关部门的使用需要。应用端计算机不需要专用图形工作站配置，普通办公电脑配置即可满足。

3. 搭建云平台

研发出铁路BIM技术，应用Real BIM云平台部署在企业服务器，同时取得软件著作权。制定BIM技术应用操作手册，分配各账号权限，并制定相应BIM应用流程与管理制度。制定统一的BIM技术应用操作手册，创建账号、分配权限，保证后期BIM应用有序实施。同时制定了BIM应用流程和管理制度。

第四章　铁路运输的主要设备

第一节　铁路信号与通信

一、铁路信号设备

铁路信号设备的作用是保证列车运行与调车工作的安全和提高铁路通过能力，同时对增加铁路运输经济效益、改善铁路职工劳动条件也起着重要作用。铁路信号：向有关行车和调车人员发出的指示和命令。车站联锁设备：用于保证站内行车与调车工作的安全，并提高车站的通过能力。区间闭塞设备：用于保证列车在区间内运行的安全，并提高区间的通过能力。

铁路运输向高速、高密、重载发展需要现代化的信号设备，尤其是随着计算机技术、网络技术、现代通信技术等现代化技术的发展，出现了自动化程度更高、控制范围更广、更集中化的新型信号系统。它们具有网络化、综合化、智能化的技术特点。

信号是指示列车运行和调车工作的命令。有关行车人员必须按照信号的指示办事，以保证铁路运输安全和提高运输效率。铁路上的信号可以分为两大类：①视觉信号。用信号机、信号灯、信号旗、信号牌、火炬等表示的信号。②听觉信号。用号角、口笛、响墩发出的音响和机车、轨道车鸣笛等发出的信号。

在大多数情况下，有些信号设备固定安装在一定的位置，这种信号叫作固定信号，相对而言还有手信号和移动信号。铁路信号通常用不同颜色来显示其意义。我国规定有红、黄、绿三种基本颜色：①红色——停车；②黄色——注意或减速行驶；③绿色——按规定速度行驶。

（一）固定信号机的设置位置

信号机应设在列车运行方向的左侧或其所属线路的中心线上空。特殊地段因条件限制，须设于右侧时，要经铁路局批准。

在确定设置信号机地点时，除满足信号显示距离的要求外，还应考虑到该信号机不致被误认为邻线的信号机。

第一，进站信号机。进站信号机用来防护车站，指示列车能否由区间进入车站以及进入车站的有关条件。进站信号机应设在距车站最外方进站道岔尖轨尖端（逆向道岔）或警冲标（顺向道岔）不少于50m的地点，如因调车作业或制动距离的需要，一般不超过400m。

第二，出站信号机。在车站的正线和到发线上应装设出站信号机，用它来防护区间，指示列车能否由车站开往区间。出站信号机应设在每一发车线的警冲标内方（逆向道岔为尖轨尖端外方）的适当地点。

第三，预告信号机。向司机预告主体信号机（如进站信号机、通过信号机等）的显示状态。

列车运行速度不超过120km/h的区段，预告信号机与其主体信号机的安装距离不得小于800m，当预告信号机的显示距离不足400m时，其安装距离不得小于1000m。

列车运行速度超过120km/h的区段，应设置两段接近区段；在第一接近区段和第二接近区段的分界处，设接近信号机；在第一接近区段入口内100m处，设置机车信号接通标。

第四，通过信号机。用来防护自动闭塞区段的闭塞分区或非自动闭塞区段的所间区间，指示列车能否开进它所防护的分区或区间。通过信号机应设在闭塞分区或所在区间的分界处。

第五，调车信号机。在经常进行调车作业的线路上（如到发线、咽喉道岔），以及非联锁区（调车场、机务段、货场、牵出线及专用线等）到联锁区的入口处，设置调车信号机，用来指示调车机车能否越过该信号机进行调车。调车信号机一般多用矮型的色灯信号机。

（二）移动信号、响墩及火炬信号

1.移动信号

（1）停车信号。昼间——红色方牌；夜间——柱上红色灯光。

（2）减速信号。昼间——黄色圆牌；夜间——柱上黄色灯光。减速信号牌为黄底黑字，应标明列车限制速度。

施工及其限速区段，按不同速度等级列车（最高运行速度大于120km/h的旅客列车、行邮列车及最高运行速度为120km/h的货物列车、行包列车）的紧急制动距离，在原减速信号牌外方增设特殊减速信号牌，昼间与夜间均为黄底黑T字圆牌。

2.响墩及火炬信号

响墩是外形扁圆内装有炸药的听觉信号，防护时，将其放在钢轨上，当车轮压上时会

发出爆炸声要求司机立即停车。火炬是一种在风雨天气都能点燃并发出火光的视觉信号，司机发现火炬信号的火光时应立即停车。

3. 手信号

手信号是有关行车人员用手持信号旗或信号灯做出各种规定动作来表示停车、减速、发车、通过、引导等信号。

（1）发车指示信号（要求运转车长显示发车信号）：

第一，昼间——高举展开的绿色信号旗靠列车方面上下缓动。

第二，夜间——举绿色灯光上下缓动。

（2）发车信号（要求司机发车）：

第一，昼间——展开的绿色信号旗上弧线向列车方面做圆形转动。

第二，夜间——绿色灯光上弧线向列车方面做圆形转动。

二、铁路通信设备

（一）常用通信设备

1. 自动电话

自动电话是用户通过拨号盘直接控制自动电话交换机完成接线工作。在用户较多的电话网中，为了用户之间互相通话，要采用电话交换机，现在广泛采用数字程控交换机。程控交换机是存储程序控制交换机的简称，它利用电子计算机控制。它把电话交换机的各种控制功能按步骤编成程序存入存储器，利用存储器所存的程序来控制交换机的工作。

2. 载波电话

长途通信距离很远，架设线路费用大，而铁路各单位之间联系频繁，通话次数很多。因此，必须设法使一对线路能容纳多对人同时通话而互不影响。这就是载波电话在铁路局线和干线的长途电话、调度电话、会议电话中获得广泛应用的基本原因。

载波电话把每对讲话人频率几乎相同的话音电流分别提高到不同的频率高度，然后把这些不同频率的话音电流同时送到一对导线上，并向对方发送，这种方法叫作调制。当话音电流到达通话的对方时，再把它还原成话音频率电流，这叫作解调。这样几对用户就可以互不干扰地同时通话了。

3. 微波通信

微波是指波长为1mm至1m波段范围内的很短的电磁波，或相当于频率300MHz

（3×10^8Hz）至300kHz（3×10^5Hz）频率范围内的电磁波。10cm至1m的微波又叫分类波，1cm至10cm的微波又叫厘米波，1mm至10mm的微波又叫毫米波。波长愈短，电磁波的频率愈高。厘米波的频率是3×10^9至3×10^{10}Hz；毫米波的频率是3×10^{10}至3×10^{11}Hz。

微波的特性和一般中波、长波、短波的特性不同。它的波段覆盖范围很宽，可以容纳较多的话路；由于它的波长很短，只要用几何尺寸较小的天线设备就能把无线电波集中在一个方向发射出去；微波碰到导体、水等有强烈的反射作用；它受电气干扰或自然界的雷电干扰较小。这些都是微波通信的优越性。

微波是直线传播的，因此，为了保持一定的通信距离，在平地两点建立这种通信时，就需要把天线架在铁塔上。为了实现长途通信，还要在两个终端电台中间加设一些微波中继站，用不太高的天线把从前一个中继站接收来的信号放大后，再送到下一个中继站去，这样逐一下传，最后送到终端站被接收。这种通信方式叫作微波中继通信。

4. 卫星通信

卫星通信是指利用人造地球卫星作为中继站转发或反射无线电波，在两个或多个地球站之间进行的通信，它实际也是微波通信，由于它具有通信距离远，覆盖面积大，通信质量高等优点，所以人类发射卫星并利用卫星通信，到发射和使用通信卫星虽然仅仅经历了几十年的时间，但卫星通信已成为发展最迅速的一种通信方式。近年来发展起来的VSAT（甚小孔径终端）卫星通信系统，灵活性强，可靠性高，成本低，使用方便，可以直接安装在用户端，可实现远距离计算机联网，具有很大的实用价值。

5. 高速铁路通信设备

随着列车速度的提高，对通信也提出了更高要求：

（1）采用大容量高速率综合数字网。高速铁路通信网的通信业务包含电话、控制、监视信号，融集话音、图像、数据等综合信息传输为一体，改变了传统的以话音通信为主的业务方式。各种列车控制信息传输、运营管理系统、监视测量信息及相应的数据处理系统均应纳入通信系统，因此高速铁路的通信网应采用大容量、高速率的综合业务数字网。

（2）控制信号传输实时和可靠。普通列车运行速度最高100～120km/h，而高速列车达到250～300km/h，列车间隔也大大减小，为确保行车安全，必须要求铁路通信系统保证对控制信号传输快速及可靠，从通信系统上要具有先进性，设备及信道要有冗余备份，采用有效的差错控制和故障检测以及自动恢复措施。

（3）可靠快速的通信传输线路。高速铁路传输信息量比普通列车信息量成倍剧增，通信系统应提供大容量、高效率、高可靠性的传输与交换方式。宜采用以光缆为主、备用传输及大容量、低延时的交换设备，并应采用融通信、信号及计算机为一体的系统。

高速铁路通信系统应打破传统的通信与信号独立工作的方式，通信系统建立在光缆数

字数据传输基础上，由计算机整理和处理各种列车运营信息和设备状态信息、排列进路，通过人机对话和调度集中设备编制和调整列车运行图，保证列车正常运行。

（二）专用通信设备

1. 列车调度电话

铁路列车调度电话是调度所调度员指挥沿线各车站及列车段、机务段等有关列车运行人员关于列车运行业务的通信设备。其总机部分安装在调度所，分机安装在沿线各车站。货运调度、电力调度、局线调度等电话，其设备与列车调度电话相同。

我国铁路采用音频选号调度电话，采用音频作为选叫信号，总机呼叫分机只要按下按键即可，呼叫时间短，操作方便。采用双音频选叫信号时，用两个不同的音频频率组成一个选叫信号。这样，6个频率就可以用于30个分机，7个频率就可用于42个分机。因此采用双音频选号呼叫时所需的频率数比采用单音频时可以大大减少，同时出现的误动的可能性也小，提高了设备的可靠性。

2. 列车无线调度电话

列车有线调度电话仅供列车调度员和车站值班员之间进行通信联系，而列车无线调度电话则可供列车调度员、机车调度员、车站值班员等调度指挥人员和列车司机相互通话。这对于提高运输效率、缩短运行时间、及时掌握和调整列车运行都有重大作用。

同时，列车在运行过程中，发生临时故障或区间线路、桥梁出现不正常现象时，司机可以及时报告调度员或邻近的车站值班员，也可以直接通知邻近区段的机车司机，或车长向司机或车站值班员通报情况，以便及时采取措施，更好地确保行车安全。

3. 铁路站场通信系统

铁路站场通信也是铁路专用通信的一部分，它主要是解决站场工作人员相互联系通信的设备。它包括以下四个系统：

（1）站场电话。站场电话是供站内运输人员指挥站内行车和调车作业，以及联系车站日常运输组织工作之用。

（2）站场扩音对讲装置。站场扩音对讲装置包括行车作业使用的对讲设备和供调车作业使用的对讲设备，并且可向室外扩音。

（3）站场无线电话。站场无线电话是站场流动作业人员之间和流动人员与固定作业人员之间互相联系使用的设备，以便保证作业安全和提高作业效率。

（4）客运广播。客运广播系统供客运作业人员使用。为了便于客运服务，客运扩音设备常分路输出，分别向候车室、各站台、站前广场等处进行广播，成为客运站不可缺少的设备之一。

第二节 铁路车站与枢纽

一、铁路车站

（一）铁路车站的作用

车站是铁路线上设有配线的分界点，在铁路运输过程中主要有以下作用：

第一，车站是铁路运输业的基层生产单位，拥有铁路线路、站场、通信、信号等技术设备和行车、客运、货运、装卸等方面的工作人员。

第二，车站是办理客货运输的始发、中转和终到作业的地点，是铁路与运输有关的行车、客运、货运、机务、工务、电务、供电等部门协调进行生产活动的场所。

第三，车站将铁路线路划分为若干个区段和区间。

第四，车站在贯彻党的方针政策，执行铁路规章制度，合理利用现有技术设备，不断改进工作方法，保证客货运输安全，提高运输效率，完成铁路运输任务等方面均有重要作用。

（二）铁路车站的分类

1. 按业务性质分类

（1）客运站。客运站是专门为办理旅客运输而设的车站。客运站通常设在大城市或旅游胜地等有大量旅客到发的地点，主要担当旅客列车的始发、终到作业，以及为旅客提供旅行服务的业务。

（2）货运站。货运站是专门为办理货物运输而设的车站。货运站一般设在大城市、工矿地区和港口等有大量货物装卸的地点，主要担当货物列车始发、终到作业，以及与货运有关的业务。

（3）客货运站。客货运站是办理客运业务也办理货运业务的车站。铁路网上绝大多数的车站都属于客货运站。

2. 按技术作业分类

（1）编组站。编组站是担当大量中转车流改编作业，编组直达、直通和其他列车的车站。编组站通常设在大量车流集中或消失的地点，或几条铁路线的交叉点。

（2）区段站。区段站是设于划分货物列车牵引区段的分界处或区段车流的集散地点，一般只改编区段到发车流，解体与编组区段、摘挂列车的车站。区段站一般还进行更换货运机车或乘务员，对货物列车中的车辆进行技术检修和货运检查整理作业。

（3）中间站。中间站一般设在技术站之间的区段内，办理列车接发、会让和通过作业，摘挂列车的调车和装卸作业的车站。

此外，车站还可以按其他一些特征加以区分。例如，位于两铁路局集团公司管辖分界处的车站，称为分界站；位于海河港湾地区的车站，称为港湾站；等等。

（三）铁路车站的区间与分界点

1.分界点

车站上除了正线以外，还配有其他线路（到发线、调车线、牵出线等），所以把各种车站称为有配线的分界点。此外，还有无配线的分界点，它包括非自动闭塞区段的两车站间设置的线路所和自动闭塞区段的两车站间划分为若干个闭塞分区处所设置的通过色灯信号机。

2.区间

依据分界点的不同，区间有不同的分类。车站与车站之间的区间称为站间区间；车站与线路所之间的区间称为所间区间；自动闭塞区段上通过色灯信号机之间的路段称为闭塞分区。区段通常是指两相邻技术站间的铁路线段，它包含了若干个区间和分界点。区段的长度一般取决于牵引动力的种类或路网状况。

（四）铁路车站的站界

为了保证行车安全和分清工作责任，车站和它两端所衔接的区间应有明确的界限，通常称为站界。

在单线铁路车站，站界的范围以两端进站信号机柱的中心线为界，外方是区间，内方则属于车站。在双线铁路车站，站界是按上下行正线分别确定的，即一端以进站信号机柱中心线为界，另一端以站界标中心线为界。

警冲标是信号标志的一种，设在两会合线路线间距离为4m的中间，用来指示机车车辆的停留位置，防止机车车辆的侧面冲撞。

（五）铁路车站的股道

为便于车站生产指挥作业上的联系和对设备维修管理。应对站内线路和道岔进行统一编号。同一车站或车场内的线路和道岔不得有相同的编号。

1. 股道编号方法

站内正线规定用罗马数字编号（Ⅰ，Ⅱ，…），站线用阿拉伯数字编号（1，2，…）。

（1）单线区段内的车站，从靠近站舍的股道起向远离站舍的方向顺序编号（正线同时编号），位于站舍左右或后方的股道，在站舍前的股道编完后，再顺序编号。

（2）双线区段内的车站，从正线起按列车运行方向，分别向外顺序编号。下行正线一侧用单数，上行正线一侧用双数。

（3）尽头式的车站（无论单线区段还是复线区段），当站舍位于线路终点时，面向终点方向由左侧开始编号；站舍位于线路一侧时，从靠近站舍的线路起向远离站舍的方向顺序编号。

（4）在划分车场的车站，车场股道的编号也应从靠近站舍（信号楼）的股道起，向远离站舍（信号楼）方向顺序编号。股道编号用阿拉伯数字，在股道编号前冠以罗马数字表示车场。对无站舍（信号楼）的车场，应顺公里标方向从左向右编号。

2. 道岔编号方法

（1）用阿拉伯数字从车站两端由外向里依次编号，上行列车到达一端用双数，下行列车到达一端用单数，如车站一端有两个及其以上方向时，道岔按主要方向编号。

（2）每一道岔均应编为单独的号码，对于渡线、交分道岔等处的联动道岔，则应编为连续的单数或双数。

（3）两端道岔区域划分的原则是：当行车室（信号楼）位于车站（场）中心附近时，以车站值班员室（信号楼）中心线为界。

（4）当车站有几个车场时，每一车场的道岔必须单独编号，此时道岔号码应使用三位数字，百位数字表示车场号码，个位和十位数字表示道岔号码，避免在同一车站内有相同的道岔号码，如101～199或201～299。

（5）尽头式车站向线路终点方向顺序编号。

3. 股道有效长

股道有效长是指在线路全长范围内可以停留列车或机车车辆而不妨碍邻线正常行车的部分。股道有效长度的起止范围由下列四条因素确定：①警冲标；②道岔的尖轨尖端（无轨道电路时）或道岔基本轨接头处的钢轨绝缘（有轨道电路时）；③出站信号机（或调车信号机）；④车挡（为尽头式线路时）。

上述各项因素怎样确定股道有效长度，视股道的用途及连接形式而定。货物列车到发线的有效长度，应根据规定的列车长度及列车停车时的附加距离（规定为30m）等因素

确定。

我国铁路采用的货物列车到发线有效长度在Ⅰ、Ⅱ级铁路上为1250m、1050m、850m、750m、650m，Ⅲ级铁路上为850m、750m、650m或550m。开行以重载列车为主的铁路可采用大于1050m及以上的到发线有效长。

采用何种有效长度应根据运输能力的要求，机车类型及所牵引列车长度，结合地形条件，并与相邻各铁路到发线有效长度的配合等因素确定。

（六）铁路车站的主要设备

为了安全、迅速、准确、及时地完成客、货运输任务，不间断地进行接发列车、调车等项作业，车站应设置满足业务性质、运量及技术作业需要的设备。

车站应设置的主要设备如下：

第一，到发线。到发线是指用于办理旅客、货物到达、发送的轨道线路。

第二，调车线。调车线是进行列车解体、车辆集结和列车编组的站线。

第三，牵出线。牵出线是将装、卸作业完成的车体集结牵出，送到驼峰，进行编组的线路。牵出线的设置可根据货场与车站的相互位置、货场与车站联络线的平纵断面条件，以及有无专用调车及和货场作业展而定。

第四，机车运转整备线。指站内供机车上水、上砂、加油、检查等整备作业的线路。车辆站修线，指站内供车辆部门施行货车辅修和摘车轴检、临修的线路。救援列车停留线，指固定停留救援列车的线路，设在铁路总公司指定的车站上。救援列车停留线应与正线或到发线贯通，并不得停放其他机车车辆，使用时无须转线即可出动。自轮运转特种设备停留线，指固定停放工务、电务、接触网等带有运行动力的维修专用车辆的线路。

第五，办理货物装卸的车站，应有专供装卸货物的线路。对大量卸粗杂、溜散货物的车站应设高架货物线；货物发送量较大的车站应有检查货物装载量的轨道衡线；办理大量牲畜、畜产品、水产鲜食品及危险货物的卸车站，一般应设置货车洗刷线路；油罐车基地应有专门整备油罐列车的整备线；调车场内应有专门停留装载爆炸品、气体类危险货物车辆的线路，以及机械冷藏车加油线等。

第六，机务段或折返段所在站，按照机车出入段与接发列车、调车作业干扰最小的原则，应设有机车出入段专用的走行线；根据需要设置出段机车等待挂头或入段机车等待入段的机待线。

第七，车站与动车组运用所连接时，应设动车组出入段（所）走行线，是为了减少动车出入库与车站接发列车之间的干扰。当设有机车出入段走行线并具有相同进路时，本着节省投资的原则，可以合设共用，也可分设。

第八，动车组长期停放，是指动车在中间站过夜停放。车站设动车组存车线，应具备

为动车供电、防溜、安全防护等条件。

第九，车站应设置通信、信号、联锁、闭塞设备。

第十，驼峰是技术作业站的主要列车改编设备，编组站、区段站应根据需要修建简易驼峰、半自动化驼峰或自动化驼峰。

第十一，为确保接发列车和调车作业不发生交叉干扰，保证行车和车站作业安全，根据需要设置隔开设备等安全设施。

第十二，调车作业繁忙的车站，为加强作业联系，应设置站场扩音和无线通信设备，并设置货运票据和调车作业单传递装置；车场内经常有调车、接发列车以及车辆检修人员等进行作业时，车场线路间应用砂石垫平并经常保持平坦；车场还应设有良好的排水设备和高架照明；车场间应有硬路面通道。

第十三，为提高信息化水平，提高作业效率，编组站、区段站应设置列车预确报、现在车管理等信息化系统设备。

第十四，为加强联系，提高作业效率，作业繁忙的车站应设置无线调车灯显设备。为加强调车安全控制，应根据车站调车作业实际情况，设置无线调车机车信号和监控系统。

第十五，编组站、区段站为确保货物列车尾部安全防护装置正常使用，应设置货车列尾装置主机的维修、检测设备和设施。

第十六，为保证货物列车运行安全，编组站、区段站和开行动车组列车的客货共线线路入口车站应设超偏载检测装置、轨道衡、超限检测仪、货车装载视频监控设备等货运安全检测设备。

超偏载检测装置用于检测货车装运货物的超偏载情况。该装置由秤体结构、压力传感器、剪力传感器、数据采样器件及计算机处理系统组成，它应符合铁路货车超偏载装置技术条件要求及相关的检定规程，按规定进行安装，超偏载测试数据应与铁路局集团公司信息中心和车站监控系统联网，并实现实时监控和报警。

第十七，机车乘务员、动车组司机及随车机械师、客运乘务组中途换乘的车站，应为乘务员换乘和休息创造良好条件，设置值班室、休息室及其他配套设施。

第十八，编组站到发线间有货物列车列检作业时，列检人员需要每天在股道内多次走行，夜间和不良天气时作业条件较差，因此，到发线间地面应具备方便作业条件。

二、铁路枢纽

在铁路网的交会点或终端地区，由各种铁路线路、专业车站以及其他为运输服务的有关设备组成的总体称为铁路枢纽。

铁路枢纽是连接铁路干、支线的中枢，是为城市、工业区或港埠区服务以及国民经济各部门联系的重要纽带，也是交通运输枢纽的主要组成部分。铁路枢纽是客货流从一条铁

路转运到各接轨铁路的中转地区，也是所在城市客货到发及联运的地区。除枢纽内各种车站办理的有关作业外，在货物运转方面，有各铁路方向之间的无改编列车和改编列车的转线，以及担当枢纽地区车流交换的小运转列车的作业。在旅客运转方面有直通、管内和市郊旅客列车的作业。在货运业务方面，办理各种货物的承运、装卸、发送、保管等作业；此外，还要供应运输动力、进行机车车辆的检修等作业。

铁路枢纽对于工农业生产的发展，城市和国防建设以及各种交通运输工具之间的分工与协作，都有密切的关系。

（一）铁路枢纽内的设备

第一，铁路线路：包括引入正路、联络线、环线、工业企业专用线等。

第二，专业车站：包括客运站、货运站、中间站、区段站、编组站、工业站、港湾站等。

第三，疏解设备：包括铁路线路与铁路线路的平面和立交疏解、铁路线路与城市道路的立交桥和道口以及线路所等。

第四，其他设备：包括机务段、车辆段、客车整备所等。

上述设备应在分析枢纽内容、货流的基础上，配合城市规划、地形条件以及既有铁路设备的状况，进行总体规划与建设。

（二）铁路枢纽的类型

1.按其在路网上的地位和作用划分

（1）路网性铁路枢纽。凡承担的客货运量和车流组织任务涉及整个铁路网的枢纽，属于路网性铁路枢纽。这种枢纽一般都位于几条铁路干线交叉或衔接的铁路网点上的具有重要政治和经济地位的大、中型工业城市，办理大量的跨局通过车流和地方车流，设有较多的专业车站，它的设备规模和能力都很大。

（2）区域性铁路枢纽。凡承担的客货运量和车流组织主要为一定的区域范围服务的枢纽，属于区域性铁路枢纽。这种枢纽一般位于铁路干线和支线交叉或衔接的铁路网点上的大、中型城市。办理管内的通过车流和地方车流，它的设备规模和能力仅次于路网性铁路枢纽。

（3）地方性铁路枢纽。凡承担的运量和车流组织主要为某一工业区或港湾等地方作业服务的枢纽，属于地方性铁路枢纽。这种枢纽一般位于铁路网端或大工业企业和水陆联运地区，办理大量的货物装卸和小运转作业。它的设备规模和能力较小。

2.根据枢纽内设备的相互位置划分

根据枢纽范围内专业车站、联络线、进站线路等设备的相互位置不同，并结合一定的车流条件，可形成各种不同形式的铁路枢纽，一般分为一站枢纽、三角形枢纽、十字形枢纽、顺列式枢纽、并列式枢纽、环形枢纽、尽头式枢纽和混合式铁路枢纽等。

混合式枢纽在引入铁路方向较多，工业企业布局分散、客货运量大、地方和中转运输任务繁重，须设置多处客运站、货运站及编组站而又受到某些条件的限制时，根据具体情况综合采用上述一些图形组合而成。

第三节　铁路电力与给水系统

一、铁路电力系统

（一）铁路电力系统构成

1.铁路负荷等级

铁路电力负荷应根据对供电可靠性的要求及中断供电所造成损失或影响的程度分为一、二、三级，其中：

（1）一级负荷应包括：与行车密切相关的通信、信号、信息、防灾安全监控设备；动车段（所）运用设备；电力及电力牵引供电各所操作电源；大型、特大型站公共区照明、应急照明及隧道应急照明；大型及重要建筑物火灾自动报警系统设备；特长隧道消防设备等。

（2）二级负荷主要包括：为通信、信号主要设备配置的专用空调；接触网远动开关操作电源；动车组检修设备；综合检测、工务机械、综合维修、给排水设施等设备；中间站公共区照明；区间视频监控设备；道岔融雪设备。

（3）不属于一级和二级负荷者为三级负荷。

2.铁路负荷供电原则

（1）一级负荷应有两路可靠电源供电，确保即使在故障情况下也不间断供电。

（2）二级负荷应有两路电源或一路可靠电源供电，确保除故障情况下的不间断供电。

（3）三级负荷可由一路电源供电。

3. 铁路信号、通信电源供电方式

铁路区间分布最广、最重要的中小负荷是信号和通信负荷，它们是行车安全的重要保障，对供电可靠性的要求最高。

（1）自动闭塞区段由自闭、贯通两条10kV电力线路，经两台10/0.4（0.23）kV变压器向沿线的铁路设施供电，同时还为信号设备配备了应急发电机。

（2）非自动闭塞区段（京原、京通、京承等单线铁路）主要由一条10kV贯通线路，经一台10/0.4kV、变压器供电，各站的通信信号设备由地方线路提供备用电源，同时也增配了应急发电机。

（3）高速铁路区段由一级负荷贯通线和综合负荷贯通线两条10kV电缆线路，经两台10/0.4kV变压器供电，同时通信、信号设备配备有蓄电池提供不间断电源保障。

4. 高铁电力系统特点

高速铁路运营特点对电力供电提出了更高的可靠性要求，在有灾害情况下，应迟于行车相关系统损坏，并且先于行车相关系统恢复。为了提高供电可靠性，高铁电力设计采用了"线路入地、设备进屋、全程监控"的设计理念，提高了铁路供电设备配置水平。

（1）线路入地、设备进屋，提高了系统抵抗自然灾害能力。高铁电力系统两回电力贯通线采用单芯电缆线路，敷设方式不同于普速铁路电缆直埋敷设方式，采用沿线路两侧电缆槽内敷设方式，实现了线路入地；高铁电力变配所设备都布置在室内，采取紧凑型、无人值守设计，区间采用箱式变电站，实现了设备进屋。线路入地、设备进屋的设计使高铁电力设备运行环境得到极大改善，减少了人为破坏，大大提高了系统抵抗自然灾害的能力。

（2）全程监控，提高了供电可靠性。高铁电力系统全部设备（高压电气设备、交直流操作电源及贯通线路所有高压开关、车站变电所所有高低压开关及供电回路）纳入供电远动SCADA系统进行监视控制，实现配电所无人值班，供电调度一体化管理，能快速切除故障段并恢复非故障段的供电，有效提高电力系统供电可靠性。

（二）铁路变配电所

铁路用电负荷沿铁路线分布，因此每间隔40～60km设置铁路电力变配电所1座。变配电所向沿铁路两侧架设的10kV自闭、贯通电力线路供电，经变压器变压后向区间信号等行车设备供电，同时变配电所还向各个站区的生产生活设施供电。

电力变配电所一般从地方接引两路独立的10kV外部电源，当枢纽地区用电容量较大时，一般接引两路独立的35kV或110kV外部电源，经降压至10kV后再向贯通线路及动力

线路配电。电力变配电所设备主要有降压变压器、10/10kV调压器、高压开关柜、交直流系统、继电保护设备。电力变配电所10kV设备一般采用室内布置方式。高速铁路变配电所高压开关柜一般采用免维护、少维修绝缘全封闭组合电器（GIS）。

（三）10/0.4kV 变电设备

第一，杆架式（落地式）变电台。杆架式（落地式）变电台结构简单，造价低，便于维护管理。

第二，智能化远动箱式变电站。智能化远动箱式变电站结构紧凑，供电可靠性高，高低压设备纳入远程监控，便于故障查找。

智能远动箱变高压设备采用干式变压器、全密封的电缆肘头、三工位负荷开关、电动操作机构等先进设备，低压开关柜采用固定分隔柜型。二次采用RTU等智能化装置，同时监控高低压各个回路，能够完成遥测、遥信、遥控及线路故障监测，还可以完成箱体内温湿度、凝露、烟感、门禁的检测和报警。

第三，室内10/0.4kV变电所。室内10/0.4kV变电所设备运行环境好，供电可靠性高，高低压设备纳入远程监控，便于故障查找。

（四）电力线路

1. 架空线路

（1）导线选用原则。铁路电力架空线路的导线可采用钢芯铝绞线或铝绞线，在沿海和其他腐蚀比较严重地区，可采用耐腐蚀型钢芯铝绞线或铜绞线。空阔地区10（6）kV架空线路不宜采用绝缘导线；1kV及以下低压架空配电线路宜采用绝缘导线。

（2）电杆选用原则。架空电力线路一般采用预应力环形钢筋混凝土电杆，受地形限制地段可采用钢管杆或铁塔。电杆高度市区架设应不小于13m，其他地区架设应不小于12m。

2. 电缆线路

（1）电缆线路选用原则。在下列两种情况时采用地下电缆线路：

第一，在市中心地区、高层建筑群区、市区主干道、繁华街道等；高大树木密集区段。

第二，重要风景旅游景区和对架空裸导线有严重腐蚀性的地区；电力线路穿越电气化铁路区段。

（2）电缆敷设方式。

第一，直埋敷设方式。普速铁路电缆线路一般采用直埋敷设方式，电缆埋深不小于

0.7m。在直埋电缆路径上方应埋设电缆标志。

第二，预制电缆槽道敷设方式。路基、桥梁预制电缆槽道敷设方式。高速铁路电力贯通线路均采用此敷设方式。

第三，桥梁外挂电缆槽道敷设方式。T形桥梁栏杆外侧附挂电缆槽道敷设方式。

第四，电缆隧道敷设方式。同一通道超过12根电缆时，位于铁路站台和其他永久硬化地面的电缆，应采取电缆隧道敷设方式。一般新建铁路在基本站台下均预留综合电缆隧道。

第五，电缆排管敷设方式。同一通道不超过12根电缆时，宜采用电缆排管内敷设，并应根据发展预留备用管孔。每40m设置一座电缆检查井，一般用于市政规划区域，避免频繁开挖地面。

第六，综合管廊。综合管廊就是地下城市管道综合走廊，即在城市地下建造一个隧道空间，将电力、通信，燃气、供热、给排水等各种工程管线集于一体，设有专门的检修口、吊装口和监测系统，实施统一规划、统一设计、统一建设和管理。

（五）供用电安全

1. 用电安全

"现阶段，我国各个地区铁路建设规模不断提升，使得人们对铁路电力系统建设要求越来越高。"[1]安全电压是指对人体不会引起生命危险的电压，它是根据人体电阻确定的，人体电阻一般在 $800\sim1000\Omega$ 之间，流经人体不致发生生命危险的电流一般不会超过 50mA，按照欧姆定律可推知人体安全电压应小于40V。我国规定36V以下为安全电压，在某些特殊场合规定12V为安全电压。

安全用电的原则是不接触低压带电体，不靠近高压带电体。常用的安全用电措施有以下七条：

（1）火线必须进开关。火线进开关后，当开关处于分断状态时，用电电器上就不带电，不但利于维修而且可减少触电机会。

（2）合理选择照明电压。一般工厂和家庭的照明灯具多采用悬挂式，人体接触机会较少，可选用220V电压供电；工人接触机会较多的机床照明灯则应选36V供电，决不允许采用220V灯具做机床照明；在潮湿、有导电灰尘、有腐蚀性气体的情况下，则应选用24V、12V甚至是6V电压来供照明灯具使用。

（3）合理选择导线和熔丝。导线通过电流时，不允许发热，所以导线的额定电流应比实际输电的电流要大些。而熔丝是做保护用的，要求电路发生短路时能迅速熔断，所以

---

[1]　夏逢两. 铁路电力系统的安全运行研究 [J]. 中国科技投资，2017（26）：128.

不能选额定电流很大的熔丝来保护小电流电路。但也不能用额定电流小的熔丝来保护大电流电路，因为这样会使电路无法正常工作。

（4）电气设备要有一定的绝缘电阻。电气设备的金属外壳和导电线圈间必须有一定的绝缘电阻，否则当人触及正在工作的电气设备的金属外壳就会触电。一般电气设备在出厂前，都测量过它们的绝缘电阻，以确保使用电者的安全。但是在使用电气设备的过程中，应注意保护绝缘材料，预防绝缘材料受伤和老化。

（5）电气设备的安装要正确。电气设备要根据安装说明进行安装，不可马虎从事。带电部分应有防护罩，高压带电体更应有效加以防护，使一般人无法靠近高压带电体。必要时应加装联锁装置以防触电。

（6）采用各种保护用具。保护用具是保证工作人员安全操作的工具，主要有绝缘手套、鞋，绝缘钳、棒、垫等。干燥的木质桌凳、玻璃、橡皮等也可充作保护用具。

（7）电气设备的保护接地和保护接零。正常情况下电气设备的金属外壳是不带电的，但在绝缘损坏而漏电时，外壳就会带电。为保证人触及漏电设备的金属外壳时不会触电，通常都会采用保护接地或保护接零的安全措施。保护接地就是将电气设备在正常情况下不带电的金属外壳或构架，与大地之间做良好的金属连接。保护接零就是将电气设备在正常情况下不带电的金属外壳或构架，与供电系统中的零线连接。

2. 供电安全

电气线路往往由于短路、过载运行、接触电阻过大等原因，产生电火花、电弧或引起电线、电缆过热，都极易造成火灾。

（1）电气线路的火灾危险性。

第一，短路。短路一般有相间短路和对地短路两种。相线之间相碰叫相间短路。相线与地线相碰，或相线与接地导体相碰，或相线与大地直接相碰叫作对地短路。造成短路的原因有六条：①使用绝缘导线、电缆时，没有按具体环境选用，使导线的绝缘受高温、潮湿或腐蚀等作用的影响而失去绝缘能力。②线路年久失修，绝缘层陈旧老化或受损，使线芯裸露。③电源过电压，使导线绝缘被击穿。④用金属线捆扎绝缘导线或把绝缘导线挂在钉子上，日久磨损和生锈腐蚀，使绝缘受到破坏，不按规程要求私接乱拉，管理不善，维护不当造成短路。⑤裸导线安装太低，搬运金属物件时不慎碰在电线上；金属构件搭落或小动物跨接在电线上。⑥安装修理人员接错线路，或带电作业时造成人为碰线短路。

第二，超负荷。电气线路中允许连续通过而不至于使电线过热的电流量，称为电线的安全载流量或安全电流。如电线中流过的电流量超过了安全电流值，就叫电线超负荷，也叫过负荷。

第三，接触电阻过大。在电气线路与母线或电源线的连接处，电源线与电气设备连接

的地方，由于连接不牢或者其他原因，使接头接触不良，造成局部电阻过大，称为接触电阻过大。

（2）电气线路的防火措施。

第一，短路故障的防控措施。短路故障的防控措施有四条：①必须严格执行电气装置安装规程和技术管理规程，坚决禁止非电工人员安装、修理。②要根据导线使用的具体环境选用不同类型的导线，正确选择配电方式。③安装线路时，电线之间、电线与建筑构件或树木之间要保持一定安全距离；在距地面高度2m以下的一段电线，应用钢管或硬质塑料保护，以防绝缘遭受损坏。④在线路上应按规定安装断路器或熔断器，以便在线路发生短路时能及时、可靠地切断电源。

第二，超负荷故障的防控措施。超负荷故障的防控措施有四条：①根据负载情况，选择合适的电线；②严禁滥用铜丝、铁丝代替熔断器的熔丝；③不准私拉乱接电线和私自接入过多或功率过大的电气设备；④根据线路负荷的发展及时更换成容量满足要求的导线，或者合理控制单位时间段内的用电负荷。

（3）接触电阻过大的控制措施。

第一，导线与导线、导线与电气设备的连接必须牢固可靠。

第二，铜、铝线相接，必须采取防止接触面氧化的措施。

第三，定期检查和检测接头，防止接触电阻增大，对重要的连接接头要加强监视。

二、铁路给水系统

（一）铁路给水系统组成

1. 自备水源给水系统组成

自备水源给水系统主要包括自备水源（地表水或地下水）、一级（取水）泵站、水处理构筑物（消毒设备）、输水管道、配水构筑物、加压泵站、配水管网、车站和铁路生产单位等用户。

2. 市政水源给水系统组成

市政水源给水系统主要包括：市政水源（地方自来水）、输水管道、储水构筑物、加压泵站、配水管网、车站和铁路生产单位等用户。

（二）给水站组成

1. 给水站的给水设备组成

（1）水源设备。向铁路供水管网不间断地提供水的设备。

（2）储水设备。为保证用户正常用水或提高供水压力设置的具有储水功能的设备，通过从储水设备取水再次加压达到为用户提高水压的作用。

（3）配水设备。用来保持和调节给水管网中的水量和水压。一是蓄水，在供水量不足之时，起着调节补充的作用；二是利用其高势，自动送水，使管网保持恒定压力。

（4）计量设备。统计和计算用户用水量的设备。

（5）水道探测设备。检测管道位置并测试管道漏水位置的设备。

2.给水站的用水设备组成

（1）客车给水栓。设置在车站线路之间或客车整备所及动车段（所）内，供旅客列车上水的装置。

（2）消火栓。设置在车站站台上，动车所、工业站、港湾站、货运站、铁路货运中心、维修保养点、动车段（所）室外线路间或站台上用于灭火的装置。

3.给水站的管道设备

（1）给水管道（吸水管）。从地表水源、地下水源井、清水池动水位到水泵吸水口的管道，用于把水输送到水泵。

（2）给水管道（扬水管）。从水泵到水塔、山上水槽的管道，用于把水输送到高处或用户。

（3）给水管道（配水管）。从水塔、山上水槽或直接从水泵出口到用户的管道。用于把水从储、配水设备或直接从水泵输送到用户。

（4）保护管道。用于给水管道穿越铁路线路时作为套管，保护给水管道不直接承受铁路线路的荷载。

4.给水站的扬水设备

（1）工业水泵。用于把水提升到高位或提高水压力的设备。

（2）电动机。水泵的原动机，带动水泵运行。

（3）电气控制设备（低压开关柜、动力配电盘）：供给给水所内设备使用的电源柜或壁挂式配电盘。

（4）电气控制装置（启动控制柜）。用于启、停水泵的控制装置，柜内设有过电流、过电压、过负荷等保护装置及计量装置。

（5）电气控制装置[自动（集中）控制屏及电线路]。用于对水泵进行远程、集中控制的控制屏和电线路。

（6）电气控制装置（变频装置）。安装于启动控制柜内用于调节水泵转速的装置，起稳定管网水压和节能的作用。

5.给水站的水处理设备

（1）沉淀池。应用沉淀作用去除水中悬浮物的一种构筑物，净化水质的设备。利用水的自然沉淀或混凝沉淀的作用来除去水中的悬浮物。

（2）澄清池。水的混凝处理工艺包括水和药剂的混合、反应及絮凝体与水的分离三个阶段。澄清池就是完成上述三个过程于一体的专门设备，起到截留分离水中杂质颗粒作用。

（3）滤池。用于过滤的目的，用来去除水中的悬浮物，以获得浊度更低的水。

（4）饮水卫生消毒装置（次氯酸钠发生器、二氧化氯装置）。制作饮水消毒剂并投加入管网的设备，用于保证管网末梢余氯，确保饮用水的细菌和大肠菌群指标符合标准。

（5）饮水卫生消毒装置（紫外线消毒装置）。装置内紫外线灯的照射起到灭菌作用，当水流过紫外线消毒装置时，起到灭菌作用。

（三）给水所

1.给水所作用

给水所主要满足给水站用水水质、水压、水量需求，保证给水所内设备正常运转，分析核算供水的消耗指标。

2.给水所的设备

（1）水源。给水所水的来源，分为地表水源、地下水源及市政水源。

第一，地表水源，地表水源主要取集江、河、湖泊中的水。铁路地表水源取水一般采用固定式取水构筑物，它具有取水安全可靠，维护管理简单等优点。目前使用的主要有两种：①岸边式取水构筑物。直接从岸边进水口取水的构筑物称为岸边式取水构筑物。取水构筑物平面形状可以是矩形、圆形、椭圆形。主要由岸边集水井和水泵房组成；②河床式取水构筑物。沿河床或架空敷设取水管，伸向江河中心，从河心进水口取水的构筑物称为河床式取水构筑物。它由取水口、进水管（自流或虹吸）、集水井和泵站组成。

第二，地下水源，取集地下含水层中的水。铁路地下水取水主要采用以下三种取水构筑物：①大口井。大口井是在含水层中开挖，用钢筋混凝土、砖、石或其他材料衬砌井壁，垂直于地面的取水构筑物。②管井。管井是指用钻井机械开孔钻至含水层中，用井管保护井壁并垂直地面的直井。③深井泵房。深井泵房又称管井泵房，设有深井水泵自管井内抽取地下水，送水至净水构筑物或用户的泵房。一般水泵机组和管路布置较为简单，深井水泵及电机（潜水泵）处于管井内，平面尺寸较小。泵房可布置成圆形或矩形；地上式或半地上式。除一般泵房设有的电气、起重、排水和计量等辅助设备外，为供给饮用水应设有消毒装置。

（2）消毒设备。

第一，次氯酸钠发生器。次氯酸钠发生器是水处理消毒杀菌设备的一种，该设备以食盐水作为原材料，通过电解反应产生次氯酸钠溶液。

次氯酸钠溶液是强氧化剂和消毒剂，它是通过取源于广泛价廉的工业盐或海水稀溶液，经无隔膜电解而发生的。为确保次氯酸钠质地新鲜和有较高的活性。保证消毒效果，本装置一边发生，一边将发生的次氯酸钠投加使用。它与氯和氯的化合物相比，具有相同的氧化性和消毒作用。适用于深井泵站和小型给水所。次氯酸钠发生器由电解槽、硅整流电控柜、盐溶解槽、冷却系统及配套管道、阀门、水射器、流量计等组成。将3~4份稀盐液加入电解槽内，接通12V直流电源，通过调节电解电流电解产生次氯酸钠，由水射器吸收混合送出消毒液，或用计量泵计量通过混合器送出消毒液。

第二，二氧化氯发生器。给水所消毒目前常采用化学法中、小型二氧化氯多级发生器。化学法二氧化氯发生器具有操作简单、高转化率、高纯度、多用途、环保等优点。这种二氧化氯发生器是由釜式反应器通过耐酸导管和水射式真空机组组成。釜式反应器采用的是两级或多级反应器，主反应釜内设有空气分布器，副反应釜设置了平衡管，使反应更彻底，反应后的残液可达标排放。一般采用盐酸与氯酸钠定量注入反应釜内，反应釜在加热的情况下发生化学反应生成二氧化氯与氯气，再通过水射器吸入投加到消毒水体中。它与氯和氯的化合物相比，具有相同的氧化性和消毒作用。适用于深井泵站和小型给水所。

第三，紫外线消毒装置。紫外线消毒是一种物理方法，是利用适当波长的紫外线能够破坏微生物机体细胞中的DNA（脱氧核糖核酸）或RNA（核糖核酸）的分子结构，造成生长性细胞死亡和（或）再生性细胞死亡，达到杀菌消毒的效果。紫外线消毒技术是基于现代防疫学、医学和光动力学的基础上，利用特殊设计的高效率、高强度和长寿命的UVC波段紫外线照射流水，将水中各种细菌、病毒、寄生物、水藻以及其他病原体直接杀死。

通常紫外线消毒可用于氯气和次氯酸盐供应困难的地区和水处理后对氯的消毒副产物有严格限制的场合。但紫外线没有持续消毒能力，并且可能存在微生物的光复活问题，最好用在处理水能立即使用的场合、管路没有二次污染和原水生物稳定性较好的情况。

第四，加压（二级）泵房。加压（二级）泵站将给水所清水池中的水输送（一般为高扬程）到给水管网，以供用户需要。二级泵站的供水能力必须满足最高时的用水要求，同时也要适应用水量降低时的情况。为使水泵在高效条件下运行，一般设多台水泵，由泵间的不同组合，以及设置水塔或高位水池（山槽），来适应供水量的变化，有的采用调速水泵机组，以适应供水量和水压的变化。铁路的加压泵房，一般使用单级单吸卧式离心泵机组、单级单吸立式离心泵机组或多级单吸立式离心泵机组进行加压供水。采用变频调速控制水泵机组，以适应供水量和水压的变化。

第五章 铁路运输的组织与安全管理

第一节 铁路运输的行车组织

一、铁路运输行车组织的基本要求

（一）行车组织原则

1.调度指挥原则

"铁路运输是我国主要的陆上物流运输方式之一，对于我国经济社会发展起到了重要的作用。铁路运输的行车组织质量，是衡量铁路运输效率的重要指标。"[①]行车工作必须坚持集中领导、统一指挥、逐级负责的原则。铁路局集团公司与铁路局集团公司间由铁路总公司，管内各区段间由铁路局集团公司，一个调度区段内由本区段列车调度员统一指挥。车站由车站值班员，线路所由线路所的车站值班员统一指挥。凡划分车场的车站，各车场由该车场的车站值班员统一指挥；车场间接发列车进路互有关联的行车事项，由指定的车站值班员统一指挥。列车和单机由司机负责指挥。列车或单机在车站时，所有乘务人员应按车站值班员的指挥进行工作。

在调度集中区段，调度集中控制车站有关行车工作由该区段列车调度员直接指挥；但转为车站控制时，由车站值班员指挥。为保证铁路行车时刻的准确和统一，全国铁路的行车时刻，均以北京时间为标准，从零时起计算，实行24小时制。全国各线的列车运行方向，以国铁集团的规定为准，但枢纽地区的列车运行方向，由各铁路局集团公司规定。列车须按规定编定车次。上行列车编为双数，下行列车编为单数。个别区间使用直通车次，可与规定方向不符。

2.行车指挥原则

有关行车人员必须执行列车调度员命令，服从调度指挥。

（1）调度命令。根据调度集中统一指挥的原则，一个调度区段内由本区段列车调度

---

① 张俊峰.铁路运输提高行车组织质量的具体措施探究［J］.成功营销，2021（10）：155.

员统一指挥，指挥列车运行的命令或口头指示，只能由列车调度员发布（运行揭示调度命令为调度所施工调度发布）。为确保列车运行安全、正点，确保按计划完成施工任务，积极妥善地处理各种突发事件，列车调度员在发布命令或口头指示前应通过现场有关人员充分了解列车的运行情况、现场设备状况、施工计划以及突发事件影响的范围，并听取现场及其他有关人员的意见。

列车调度员向司机发布调度命令时，应在列车进入关系区间（车站）前向司机发布或指定车站向司机交付，如来不及时应使列车停车进行发布或交付。对于须向司机发布的调度命令，列车调度员可使用调度命令无线传送系统或按规定使用语音记录装置良好的列车无线调度通信设备向司机发布。由车站交付的调度命令，车站值班员可使用调度命令无线传送系统或按规定使用语音记录装置良好的列车无线调度通信设备向司机转达。

（2）列车调度员。列车调度员是一个调度区段的日常运输工作的具体组织者、指挥者，应负责组织实现列车运行图、编组计划、运输方案，为此必须做到以下几点：①检查各站执行列车运行图和编组计划的情况，及时发布有关行车命令和口头指示；②严格按列车运行图指挥行车，遇列车发生晚点时，应积极采取措施，组织有关人员恢复正点；③注意列车在车站到发及区间内的运行情况，正确、及时地处理临时发生的问题。

（3）运行揭示调度命令。有计划的施工，涉及限速、行车方式发生变化或设备变化时应发布运行揭示调度命令，司机按运行揭示调度命令执行。运行揭示调度命令内容应包括"时间、地点、因由、速度、行车方式变化、设备变化"六要素。因施工提前、延迟或其他原因造成运行揭示调度命令与实际限速、行车方式或设备不符时，列车调度员应取消前发运行揭示调度命令，向有关车站值班员、司机施工负责人重新发布全部内容的调度命令。

（二）车站技术管理

第一，车站应设有配线，并办理列车接发、会让和客货运业务。

第二，车站按技术作业分为编组站、区段站、中间站，按业务性质分为营业站、非营业站，营业站分为客运站、货运站、客货运站。

第三，编组站、区段站和较大的中间站，可根据线路的配置状况及用途划分车场。

第四，车站技术管理和作业组织应在《车站行车工作细则》（以下简称《站细》）中规定：①《站细》由车站站长会同有关单位，根据有关规定，结合具体情况进行编制和修订；②《站细》的主要内容应有车站技术设备的使用、管理，接发列车、调车以及与行车有关的运输工作的组织，列车的技术作业程序和时间标准，作业计划的编制、执行制度，车站信息系统的管理制度，车站通过、改编能力，并应附注有坡度的车站线路平面图、进站信号机外制动距离内平纵断面图、联锁图表及电气化区段接触网高度和分相分段绝缘器

位置等技术资料；③机务、车辆、工务、电务、供电、通信、信息、房建等单位须及时向车站（车务段）提供有关的技术资料；④车站（车务段）应及时将《站细》或有关内容摘录分发给有关处所和单位。凡在车站参加作业的站、段、所等有关人员，均须熟悉和执行《站细》的有关规定。

二、铁路运输行车组织的调车工作

（一）一般要求

1. 参加调车作业的人员要求

车站的调车工作，应按车站的技术作业过程及调车作业计划进行。参加调车作业的人员应做到以下四个方面：

（1）及时取送客货作业和检修的车辆。

（2）及时编组、解体列车，保证按列车运行图的规定时刻发车，不影响接车。

（3）认真执行作业标准，保证调车有关人员的人身安全及行车安全。

（4）充分运用调车机车及一切技术设备，采用先进工作方法，用最少的时间完成调车任务。

2. 调车区划分

调车工作繁忙、配线较多的车站，可划分为几个调车区。没有做好联系和防护，不准越区或转场作业。

在调车作业繁忙、配线较多的车站，配有两台及以上调车机车时，应根据车站（车场）布局特点、调车作业性质、车流特点和车站配线等情况，划分每台调车机车相对固定的作业区域，简称调车区。每个调车区一般情况下只有一台机车按固定范围作业（驼峰有预推进路者除外），可避免调车作业的互相干扰、抵触，便于机车乘务人员和调车人员熟悉作业区域设备特点和工作条件，有利调车安全。但对于车流量大、作业繁忙的车站，设有驼峰调车场，为提高调车效率，及时完成调车任务，在同一驼峰或峰尾调车区配备二台或以上调车机，这样在驼峰调车场，驼峰头部设有双推设备、峰尾设有两条及以上牵出线（平行进路），能满足调车机车间平行作业，减少交叉干扰，提高效率，保证安全。

3. 调车工作的"九固定"

调车工作要固定作业区域、线路使用、调车机车、人员、班次、交接班时间、交接班地点、工具数量及其存放地点。调车工作的"九固定"是安全、迅速地进行调车作业的行之有效的制度，有助于提高调车工作效率，保证调车安全。

因为调车机车与本务机车担当的任务不同，机车装备要求也不同，除配备列车运行监控装置、列车无线调度通信设备及防溜、救援、消防等设备外，调车机车应配备无线调车灯显车载设备、具备前后瞭望的条件，有条件的还应装备无线调车机车信号和监控系统，以便调车组人员上下和站立，前后均应有扶手把和防滑踏板。固定替换的调车机车和小运转机车其装备也应符合调车机车的要求，以利于调车作业。

4.无线调车灯显设备的使用要求

使用机车进行调车作业时，应采用无线调车灯显设备（机车摘挂、转线等不进行车辆摘挂的作业，列车在到达线路内拉道口、直接后部摘车除外），并使用规定频率，其显示方式须符合有关要求。无线调车灯显设备应与列车运行监控装置配合使用。

无线调车灯显设备正常使用时停用手信号，对灯显以外的作业指令采用通话方式；无线调车灯显设备发生故障时，改用手信号作业。

（二）领导及指挥

1.调车工作的领导

调车工作是由调车组人员、扳道（信号集中操纵）人员、机车乘务人员等共同完成的，多工种在不同的条件和环境下联合作业，为了安全、迅速、准确、协调地完成调车作业任务，必须有统一领导。

（1）设有车站调度员未设调车区长的车站，调车工作由车站调度员领导，作业计划由其直接布置。设有调车区长未设车站调度员的车站，调车工作由调车区长领导。

（2）设有车站调度员、调车区长的车站，车站及各调车场（区）互相间关联的工作，由车站调度员的统一领导；各调车场（区）内的调车工作，由负责该场（区）的调车区长领导。

（3）动车段（所）设备及管理模式不尽相同，由车站调度员（调车区长）或车站值班员统一领导和指挥。

（4）未设车站调度员和调车区长的车站，一般为中间站，调车作业量较小，调车工作由车站值班员领导。

2.调车作业的指挥

（1）调车组均配有调车长，配有调车组的车站，调车作业应由调车长单一指挥。单一指挥就是对每台担当调车作业的机车在同一时间内只准由调车指挥人一人指挥。所有调车有关人员（调车组、扳道组、机车乘务组）都必须按调车指挥人的指挥进行作业。

（2）未设调车组的车站或调车组正在进行其他调车作业，如需利用本务机车进行调

车作业时，可由车站值班员或助理值班员担任指挥工作。

（3）如因特殊情况，上述指定人员不能指挥调车作业时，只准许经由鉴定、考试合格取得调车长资格的胜任人员担当调车指挥工作。

（三）计划及准备

1.调车作业计划的编制和布置

（1）列车在到达线路内拉道口、对货位、直接后部摘车、本务机车（包括重联机车、补机）摘挂及转线、企业自备机车进入站内交接线整列取送作业，可不使用调车作业通知单。

（2）调车领导人应正确及时地编制、布置调车作业计划。布置调车作业计划，应使用调车作业通知单。中间站利用本务机车调车，应使用有示意图的调车作业通知单。使用无线调车灯显设备的车站，调车作业计划布置方法，由铁路局集团公司规定。

（3）自轮运转特种设备调车作业，由所属单位指派胜任人员担当调车作业指挥工作（自轮运转特种设备转线时除外）。在站调整编组顺序、摘挂车辆作业时，使用调车作业通知单。使用自轮运转特种设备调动本专业施工车辆（包括编组施工路用列车）时，由车站组织施工单位制定具体安全措施，明确有关调车作业人员及作业要求。调车作业按车站调车领导人布置的调车作业计划进行作业，并按规定做好停留车辆防溜工作。

（4）调车指挥人应根据调车作业计划制定具体作业方法，连同注意事项，亲自向司机交递和传达；对其他有关人员，应亲自或指派连接员进行传达。具体传达办法，在《站细》内规定。

（5）调车领导人与调车指挥人必须亲自交接计划。由于设备原因，亲自交接计划确有困难以及设有调车作业通知单传输装置的车站，交接办法在《站细》内规定。

（6）动车段（所）调车工作的计划编制及下达办法由铁路局集团公司规定。

（7）调车指挥人确认有关人员均已了解调车作业计划后，方可开始作业。

2.变更作业计划的传达

一批作业（指一张调车作业通知单）不超过三钩或变更计划不超过三钩时，可用口头方式布置（中间站利用本务机车调车除外），有关人员必须复诵。变更股道时，必须停车传达。仅变更作业方法或辆数时，不受口头传达三钩的限制，但调车指挥人必须向有关人员传达清楚，有关人员必须复诵。驼峰解散车辆，只变更钩数、辆数、股道时，可不通知司机，但调车机车变更为下峰作业或向禁溜线送车前须通知司机。

3. 调车作业具体细则

（1）调车作业确认进路的责任分工

第一，在调车作业中，单机运行或牵引车辆运行时，前方进路的确认由司机负责；推进车辆运行时，前方进路的确认由调车指挥人负责，如调车指挥人所在位置确认前方进路有困难时，可指派调车组其他人员确认。

第二，没有看到调车指挥人的起动信号，不准动车（但单机返岔子或机车出入段时，可根据扳道员显示的道岔开通信号或调车信号机显示的允许运行的信号动车）。无扳道员和调车信号机时，调车指挥人确认道岔开通正确（如为集中操纵的道岔，还须与操纵人员联系）后，向司机显示起动信号。

（2）调车作业信号显示

第一，真确认信号，并回示。

第二，推进连挂车辆时，调车指挥人应根据停留车位置的距离，显示"十、五、三车"距离信号或发出相应的指令。在调车车列前端距离被连挂车辆十车时，显示十车信号或发出"十车"指令；距离五车时，显示五车信号或发出"五车"指令；距离三车时，显示三车信号或发出"三车"指令。没有显示"十、五、三车"的距离信号，不准挂车，没有司机回示，应立即显示停车信号。

第三，推进车辆时，要先试拉，以检查车钩连挂状态，防止车钩没有挂好，导致推进中车辆溜走。在同一线路内，连续连挂车辆时，可不停车连挂，但要确认连挂状态，车组间距超过十车时，必须顿钩或试拉。车列前部应有人瞭望，及时显示信号。

第四，当调车指挥人确认停留车位置有困难时，应派人显示停留车位置信号。

第五，调车作业是一项复杂的工作，涉及进路、信号的确认，停留车及线路的检查，防溜措施的采取与撤除及机车车辆的移动等，一个人很难完成上述工作，同时为保证调车作业安全和人身安全，更好地完成调车任务，参加作业的调车组人员必须达到2人及以上时，方准进行调车作业。

（3）调车作业要道还道制度

为保证调车进路的正确，防止调车作业中挤岔子或进入异线等事故的发生，非集中区调车作业时，调车有关人员要认真执行"要道还道"制度。随着无线调车设备的广泛采用，为保护环境，减少噪声干扰，要道还道可以通过无线调车设备进行，具体办法和用语应在《站细》内规定。

（4）机车车辆的停留

第一，警冲标是指示机车车辆停留时，满足机车车辆限界、不准向道岔方向或线路交叉点方向越过的限制点。如果越过警冲标，可能侵限妨碍邻线机车车辆的运行，发生侧面

冲突，所以机车车辆必须停在警冲标内方。调车作业中，车辆临时停在警冲标外方时，一批作业完了后，应立即送入警冲标内方。因特殊情况需在警冲标外方进行装卸作业时，须经车站值班员、调车区长准许，在不影响列车到发及调车作业的情况下方可进行，装卸完了后，应立即送入警冲标内方。

第二，爆炸品、气体类危险货物等危险品，对冲击、火焰敏感，万一发生意外，其后果严重。为此，对装载这些物品的车辆，必须停放在固定线路上，两端道岔应扳向不能进入该线的位置并加锁，以防其他车辆进入。集中操纵的道岔，应在控制台上将道岔开通邻线，并将道岔单独锁闭。在选择停留这些车辆的固定线时，应尽可能远离房舍、住宅及其他建筑物，并应与列车运行和调车繁忙的线路保持一定间隔。

第三，安全线及避难线是特殊用途的线路，禁止停留机车车辆。在超过6%坡度（指线路的实际坡度）的线路上，极易发生机车车辆溜逸，安全风险大，因此禁止无动力停留机车车辆。

第四，救援列车担负着事故救援的紧急任务，为保证在需要时能及时出动，亦必须停放在固定的线路上。该线路不得停放其他机车车辆，并将两端道岔置于其他机车车辆不能进入该线的位置并加锁。集中操纵的道岔，应在控制台上将道岔开通邻线，并将道岔单独锁闭。

第五，编组站、区段站的到发线、调车线以外的线路上，在一般情况下车辆停留时间较长，如遇大风天气或邻线行车震动等，容易造成车辆溜逸。特别是我国铁路车辆大多数采用滚动轴承，基本阻力小，更容易溜逸，所以不进行调车作业时，应连挂在一起，并须拧紧两端车辆的人力制动机，或以铁鞋、止轮器、防溜枕木等牢靠固定。这样，既能保证停留车辆安全，缩短占用线路长度，又便于以后取送作业。因装卸车对货位等情况，不能连挂在一起时，应分组做好防溜措施。

第六，为了保证公务车上有关人员的正常工作和休息，对临时停留公务车的线路，除应将道岔置于不能进入该线的位置并加锁外，一般不准利用该线进行与其无关的调车作业。集中操纵的道岔，应在控制台上将道岔开通邻线，并将道岔单独锁闭。

第七，车辆的防溜措施，均须确认止轮牢固可靠。使用人力制动机或人力制动机紧固器防溜时，须拧紧制动机；使用铁鞋、止轮器防溜时，鞋尖（止轮器）应紧贴车轮踏面，牢靠固定；使用防溜枕木防溜时，应在距停留车辆不大于5m处放置。

第八，在中间站由于配线较少，基本上所有线路都与正线、到发线相衔接，一旦发生车辆溜逸，将造成站内正线、到发线等设备的损坏，或侵入列车进路危及接发列车安全，严重时可能溜入区间与列车发生冲突等。为此在中间站停留车辆，无论是停在到发线、调车线还是货物线、专用线等线路上，也无论停留的线路是否有坡道，均应连挂在一起，拧紧两端车辆的人力制动机，并以铁鞋（止轮器、防溜枕木等）牢靠固定。因装卸车对货位

等情况，不能连挂在一起时，应分组做好防溜措施。在分组采取防溜措施时，除两端车组外侧须至少采取二道防溜措施外，其余车组及两端车组的内侧可拧紧两端车辆的人力制动机，或以铁鞋（止轮器、防溜枕木等）牢靠固定，保证至少一道防溜措施。

考虑到中间站线路较少，为提高中间站调车作业效率，同时也为了保证调车作业的安全，对一批调车作业中临时停留的车辆，可拧紧两端车辆的人力制动机或以铁鞋（止轮器）止轮，采取一道有效的防溜措施。

第九，因车辆进行技术检查或故障处理，列检（维修）人员在撤除车站采取的防溜措施时，技术检查或故障处理完毕，应及时恢复原防溜措施。

第十，动车组无动力停留时，有停放制动装置的动车组，由司机负责将动车组处于停放制动状态；动车组无停放制动装置或在坡度为20%以上的区间无动力停留时，由司机通知随车机械师进行防溜，防溜时使用铁鞋牢靠固定。

三、铁路运输行车组织的列车运行

（一）行车闭塞

1.区间及闭塞分区的界限

我国铁路列车运行一般采用空间间隔法。列车运行是以车站、线路所划分的区间及自动闭塞区间的通过信号机或区间信号标志牌（三者统称为分界点）所划分的闭塞分区作为间隔，即划分站间区间、所间区间和闭塞分区，作为列车运行的间隔。在正常情况下，每个区间（或闭塞分区），在同一时间内，只准有一个列车占用。

2.行车基本闭塞法

（1）基本闭塞设备。基本闭塞设备是控制一个区间（或闭塞分区）同一时间内，只准许一个列车运行的设备。车站均须装设基本闭塞设备。

（2）行车闭塞法。通过调度所、相邻车站、线路所、闭塞分区的设备或人为控制，使列车与列车相互间保持一定间隔，以保证列车安全运行的行车方法，称为行车闭塞法。

（3）遇下列五种情况，应停止使用基本闭塞法，改用电话闭塞法行车：

第一，基本闭塞设备发生故障导致基本闭塞法不能使用、自动闭塞区间内两架及以上通过信号机故障或灯光熄灭时。

第二，无双向闭塞设备的双线区间反方向发车或改按单线行车时。

第三，发出由区间返回的列车或发出挂有由区间返回后部补机的列车时。

第四，自动站间闭塞、半自动闭塞区间，由未设出站信号机的线路上发车或超长列车头部越过出站信号机并压上出站方面轨道电路发车时。

第五，在夜间或遇降雾、暴风雨雪，为消除线路故障或执行特殊任务，开行轻型车辆时。

自动站间闭塞设备故障，半自动闭塞设备良好时，可根据调度命令改按半自动闭塞法行车。

（二）接车与发车

1. 列车进路

（1）接车进路。接车进路是指由进站信号机起至接车线末端，计算该线有效长的警冲标或出站信号机。

（2）发车进路。发车进路是指由列车前端起至相对进站信号机或站界标志的一段线路。

（3）通过进路。通过线路是指通过进路为该列车通过线路两端进站信号机或站界标间的一段线路。

2. 接发列车应遵守的原则

（1）旅客列车、挂有超限货物车辆的列车，应接入规定线路。

（2）动车组列车在车站办理客运业务时，须固定股道、固定站台、固定停车位置。

（3）动车组列车、特快旅客列车通过时应在正线办理，其他通过列车原则上应在正线办理。

（4）原规定为通过的旅客列车由正线变更为到发线接车及动车组列车、特快旅客列车遇特殊情况必须变更基本进路时，须经列车调度员准许，并预告司机；如来不及预告时，应使列车在站外停车后，再开放信号机，接入站内。动车组列车遇特殊情况需变更办理客运业务的固定股道时，须经调度所值班主任（值班副主任）准许。

3. 接发列车时车站值班员的工作要求

（1）车站值班员在办理闭塞时，应确认区间空闲。

（2）接车前，必须亲自或通过有关人员确认接车线路空闲、影响进路的调车作业已经停止后，方可准备进路、开放进站信号机，准备接车。

（3）发车前，必须亲自或通过有关人员确认影响进路的调车作业已经停止后，方可准备进路、开放出站信号机，交付行车凭证，在旅客上下、行包装卸和列检作业等完了后发车。

（4）车站值班员下达准备接发车进路命令时，必须简明清楚，正确及时，讲清车次和占用线路（一端有两个及以上列车运行方向或双线反方向行车时，应讲清方向、线

别），并要受令人复诵，核对无误。

（5）接发列车时，按规定程序办理，并使用规定用语。

（6）列车到达、发出或通过后，车站值班员应立即向邻站及列车调度员报点，并记入行车日志（设有计算机报点系统的按有关规定办理）。遇有超长、超限列车、制动力部分切除的动车组列车、单机挂车和货物列车列尾装置灯光熄灭等情况，应通知接车站。

4. 接发列车时接发车人员的工作要求

接发列车时，接发车人员应携带列车无线调度通信设备、持手信号旗（灯），站在规定地点接送列车，注意列车运行和货物装载状态。发现旅客列车尾部标志灯光熄灭时，通知车辆乘务员进行处理。在自动闭塞区段，通知不到时，应做列车停车处理。发现货物装载状态有异状时，及时处理；发现货物列车列尾装置丢失时，应报告列车调度员，使列车在前方站停车处理。

5. 扳道、信号人员在值班时的工作要求

（1）扳道、信号操纵人员必须按车站值班员布置的接发列车进路命令和调车作业计划，正确、及时地准备进路，保证安全、迅速地接发列车和调车作业。

（2）扳道、信号操纵人员，在扳动道岔、操纵信号时，执行以下四条制度：

第一，"一看"：看道岔标志、信号手柄（按钮）位置。

第二，"二扳（按）"：将道岔、信号扳（按）至所需位置。

第三，"三确认"：扳（按）完道岔、信号手柄（按钮）后，通过表示灯或标志确认有关进路道岔开通位置是否正确，手动道岔确认闭止块是否"落槽"，确认信号开放、关闭状态是否正确。

第四，"四显示（呼唤）"：确认无误后，就地显示规定的信号或按规定执行呼唤制度。

（3）对进路上不该扳动的道岔，也应认真进行确认。

（4）接发列车进路准备完了后，及时报告车站值班员（能从设备上确认的除外）。

（三）固定行车设备检修及故障处理

第一，影响设备使用的检修均纳入天窗进行。在车站（包括线路所、辅助所）内及相邻区间、列车调度台检修行车设备，影响其使用时，事先须在《行车设备施工登记簿》内登记，并经车站值班员（列车调度员）签认或由扳道员、信号员取得车站值班员同意后签认（检修驼峰、调车场、货场等处不影响接发列车的行车设备时，签认人员在《站细》内规定），方可开始。

正在检修中的设备需要使用时，须经检修人员同意。检修完毕，检修人员应将其结果

记入《行车设备施工登记簿》。

对处于闭塞状态的闭塞设备和办理进路后处于锁闭状态的信号、联锁设备，严禁进行检修作业。

第二，车站值班员发现或接到行车设备故障的报告后，应立即通知设备管理单位相关人员，并在《行车设备检查登记簿》内登记。

列车调度员发现或接到调度台行车设备故障的报告后，应立即通知设备管理单位相关人员，并在《行车设备检查登记簿》内登记。

设备管理单位应在《行车设备检查登记簿》内签认，尽快组织修复。对暂时不能修复的，应登记停用内容和影响范围，并注明行车限制条件。

第三，线路发生故障时的防护办法。线路发生故障时，有以下五条防护办法：①应立即使用列车无线调度通信设备通知车站值班员或列车司机紧急停车，同时在故障地点设置停车信号。②当确知一端先来车时，应急速奔向列车，用手信号旗（灯）或徒手显示停车信号。③如不知来车方向，应在故障地点注意倾听和瞭望，发现来车，应急速奔向列车，用手信号旗（灯）或徒手显示停车信号；设有固定信号机时，应先使其显示停车信号；站内线路、道岔发生故障时，应按规定设置停车信号防护。④设备维修人员发现信号、通信设备故障危及行车安全时，应立即通知车站，并积极设法修复；如不能立即修复时，应停止使用，同时报告工长、车间主任或电务段、通信段调度，并在《行车设备检查登记簿》内登记。⑤铁路职工或其他人员发现设备故障危及行车和人身安全时，应立即向开来列车发出停车信号，并迅速通知就近车站、工务、电务或供电人员。

第四，沿线工务人员发现线路设备故障危及行车安全时，应立即连续发出停车信号并以停车手信号防护，还应迅速通知就近车站和工长或车间主任，并采取紧急措施修复故障设备；如不能立即修复时，应封锁区间或限速运行。

车站值班员接到区间发生故障的报告后，应立即通知有关列车停车，并报告列车调度员。必要时进入该区间的第一趟列车由工务部门的工长或车间主任随乘。列车在故障地点停车后继续运行时，应根据随乘人员的指挥办理。

第二节 铁路运输的客运组织

一、旅客运输

（一）车票

1. 车票的分类

（1）按是否中转换乘划分为：直达票（从发站至到站不需中转换乘的车票）；通票

（从发站至到站需中转换乘的车票）。

（2）按组成划分。车票包括客票和附加票两部分。客票部分为软座、硬座。附加票部分为加快票、卧铺票、空调票。附加票是客票的补充部分，应与客票合并发售，除儿童外不能单独使用。

（3）按形式划分。

第一，纸质车票。包括软纸车票、磁介质车票和代用票等。

第二，铁路电子客票。以电子数据形式体现，是纸质车票的未来替代品。

第三，铁路乘车卡。目前包括中铁银通卡和广深牡丹信用卡。

2. 车票的发售

（1）客票。

第一，在有运输能力的情况下，承运人或销售代理人应按购票人的要求发售车票。

第二，车站发售客票时，不能使用到站不同但票价相同的车票互相代替。

第三，发售软座客票时最远至本次列车终点站。旅客在乘车区间中，要求一段乘坐硬座车，一段乘坐软座车时，全程发售硬座客票。乘坐软座时，另收软座区间的软硬座票价差额。

第四，动车组列车车票最远只发售至本次列车终点站。

第五，发售去边境地区的车票时，应要求旅客出示国务院铁路主管部门、公安部规定的边境居民证、身份证或边境通行证。

第六，在无人售票的乘降所上车的人员，可在列车内购票，不收手续费。

（2）卧铺票。旅客购买卧铺票时，卧铺票的到站、座别必须与客票的到站、座别相同，但对持通票的旅客，卧铺票只发售到中转站。

（3）空调票。旅客乘坐提供空调的列车时，应购买相应等级的车票或空调票。旅客在全部旅途中分别乘坐空调车和普通车时，可发售全程普通硬座车票，对乘坐空调车区段另行核收空调车与普通车的票价差额。

（4）加快票。

第一，旅客购买加快票必须有软座或硬座客票。

第二，发售加快票的到站，必须是所乘快车或特别快车的停车站。

第三，发售需要中转换车的加快票的中转站还必须是有同等级快车始发的车站。

第四，发售加快票时，其发到站之间全程都应有快车运行。如中间有无快车运行的区段时，则不能发售全程加快票。

（5）学生票。

第一，在普通大专院校（含国家教育主管部门批准有学历教育资格的民办大学），军

事院校、中、小学和中等专业学校、技工学校就读，没有工资收入的学生、研究生，家庭居住地和学校不在同一城市时，凭附有加盖院校公章的减价优待证的学生证（小学生凭书面证明），每年可购买家庭至院校（实习地点）之间四次单程的学生票。新生凭录取通知书、毕业生凭学校书面证明可买一次学生票。

第二，学生票限于使用普通旅客列车硬座和动车组列车二等座。

第三，学生票可享受硬座客票、加快票和空调票的优惠，学生票票价按相应客票和附加票票价的50%计算。持学生票乘车的学生使用普通旅客列车硬卧时应当补收票价差额。

第四，学生票应按近径路发售，但有直达列车或换乘次数少的远径路也可发售。学生购买联程票或乘车区间涉及动车组列车的，可分段购票。学生票分段发售时，由发售第一段车票的车站在学生优惠卡中划销次数，中转站凭上一段车票售票，不再划销乘车次数。

第五，在乘降所上车的学生（其减价优待证上注明上车地点为乘降所），可以在列车上售给全程学生票，并在减价优待证相当栏内注明。

第六，减价优待证记载的车站是没有快车或直通车停靠的车站时，离该站最近的大站（可以超过减价优待证规定的区间）可以发售学生票。

第七，超过减价优待证上记载的区间乘车时，对超过区间按一般旅客办理，核收全价。

第八，华侨学生和港澳台学生回家时，车票发售至边境车站。

第九，符合减价优待条件的学生无票乘车时，除补收票款外，同时应在减价优待证上登记盖章，作为登记一次乘车次数。

（6）儿童票。

第一，承运人一般不接受儿童单独旅行（乘火车通学的学生和承运人同意在旅途中监护的除外）。

第二，随同成人旅行身高1.2～1.5m的儿童，应当购买儿童票；超过1.5m时应买全价票。

第三，每一成人旅客可免费携带一名身高不足1.2m的儿童，超过一名时，超过的人数应买儿童票。

第四，儿童票的座别应与成人车票相同，其到站不得远于成人车票的到站。

第五，儿童票可享受客票、加快票和空调票的优惠，儿童票票价按相应客票和附加票票价的50%计算。

第六，免费乘车及持儿童票的儿童单独使用卧铺时，应另收全价卧铺票价，有空调时还应另收半价空调票票价。

第七，为测量儿童的身高，在售票窗口、检票口、出站口、列车端门口应涂有测量儿

童身高的标准线。

（7）残疾军人票。

第一，中国人民解放军和中国人民武装警察部队因伤致残的军人凭"中华人民共和国残疾军人证"、因公致残的人民警察凭"中华人民共和国伤残人民警察证"购买优待票（简称残疾军人票）。

第二，残疾军人票可享受客票和附加票的优惠，残疾军人票票价按相应客票和附加票的50%计算。

第三，"中华人民共和国残疾军人证"和"中华人民共和国伤残人民警察证"由国家有关部门颁发，铁路运输企业有权核对。持有其他抚恤证的人员，如伤残国家机关工作人员证、伤残民兵民工证等，均不能享受减价待遇。

（8）团体旅客票。

第一，20人以上乘车日期、车次、到站、座别相同的旅客可作为团体旅客，承运人应优先安排。

第二，团体旅客满20人时，给予免收1人优惠；20人以上，每增加10人，再免收1人，但春运期间（起止日期以春运文件为准）不予优惠。

第三，优惠时，团体旅客中有分别乘坐座、卧车或成人、儿童同一团体时，按其中票价高的免收。

第四，用计算机发售团体旅客票时，免收的优惠票票面打印"团优"字样，其余票的票面打印"团"字样。

（二）旅行变更

1. 日期

旅客不能按票面指定的日期、车次乘车时，在其他列车有余票时，可以改签发到城市相同的车票。在其他列车有余票时，可以改签发到城市相同的车票。具体是，开车前48h（不含）以上，可改签预售期内的其他列车；开车前48h以内，可改签开车前的其他列车，也可改签开车后至票面日期当日24:00之间的其他列车，不办理票面日期次日及以后的改签；开车之后，旅客仍可改签当日其他列车，但只能在票面发站办理改签。团体旅客不应晚于开车前48h。

2. 车次

旅客在发站办理改签时，改签后的车次票价高于原票价时，核收票价差额；改签后的车次票价低于原票价时，退还票价差额，对票价差额部分核收退票费并执行现行退票费标准。对开车前48h到15d期间内，改签或变更到站至距开车15d以上的其他列车，又在距

开车15d前退票的，仍核收5%的退票费。改签或变更到站后的车票乘车日期在春运期间的，退票时一律按开车时间前不足24h标准核收退票费。

旅客办理中转签证或在列车上办理补签、变更席（铺）位时，签证或变更后的车次、席（铺）位票价高于原票价时，核收票价差额；签证或变更后的车次、席（铺）位票价低于原票价时，票价差额部分不予退还。

3. 座别

变更在车站售票预售期内且有运输能力的前提下，车站应予办理，收回原车票，换发新车票，并在新车票票面注明"始发改签"字样（特殊情况在开车后改签的注明"开车后改签不予退票"字样）；原车票已托运行李的，在新车票背面注明"原票已托运行李"字样并加盖站名戳。

4. 铺别

变更持通票的旅客在中转站和列车上要求变更径路时，必须在通票有效期能够到达到站时方可办理。办理时，原票价低于变径后的票价时，应补收新旧径路里程票价差额，核收手续费；原票价高于或相当于变更后的径路票价时，持原票乘车有效，差额部分（包括列车等级不符的差额）不予退还。

因承运人责任使旅客不能按票面记载的日期、车次、座别、铺别乘车时，站、车应重新妥善安排。重新安排的列车、座席、铺位高于原票等级时，超过部分票价不予补收；低于原票等级时，应退还票价差额，不收退票费。

5. 越站

旅客在车票到站前要求越过到站继续乘车时，在有运输能力的情况下列车应予以办理。核收越站区间的票价和手续费。旅客同时提出变更座别、铺别和越站时，应先办理越站，后办理变更，核收一次手续费。遇有下列三种情况不能办理越站：

（1）列车严重超员。

（2）乘坐卧铺的旅客买的是给中途站预留的卧铺。

（3）乘坐的回转车，途中需要甩车。

6. 退票

（1）因承运人责任致使旅客退票时按下列规定办理，不收退票费：

第一，在发站，退还全部票价。

第二，在中途站，退还已收票价与已乘区间票价差额，已乘区间不足起码里程时，退还全部票价。

第三，在到站，退还已收票价与已使用部分票价差额。未使用部分不足起码里程按起码里程计算。

第四，空调列车因空调设备故障在运行过程中不能修复时，应退还未使用区间的空调票价。

（2）发生线路中断旅客要求退票时，在发站（包括中断运输站返回发站的）退还全部票价，在中途站退还已收票价与已乘区间票价差额，已乘区间不足起码里程时，按起码里程计算，不收退票费，但因违章加收的部分和已使用至到站的车票不退。

（3）旅客要求退票时，按下列规定办理，核收退票费。旅客要求退票时，应当在票面指定的开车时间前到车站办理，退还全部票价，核收退票费。特殊情况经购票地车站或票面乘车站站长同意的，可在开车后2h内办理。团体旅客不应晚于开车前48h。

第一，在票面开车时间前办理时，实行通改通退。因特殊情况在开车后2h内办理时，限于在购票地车站或票面乘车站经站长同意后办理。

第二，团体旅客必须在开车48h以前办理。

第三，旅客开始旅行后不能退票。但如因伤、病不能继续旅行时，经站、车证实，可退还已收票价与已乘区间票价差额。已乘区间不足起码里程时，按起码里程计算；同行人同样办理。

第四，退还带有"行"字戳迹的车票时，应先办理行李变更手续。

第五，因特殊情况经站长同意在开车后改签的车票不退。

第六，站台票售出不退。

第七，必要时，铁路运输企业可以临时调整退票办法。

（三）旅客携带品

1.旅客携带品的范围

（1）旅客携带品由自己负责看管。

（2）下列物品不得带入车内：①国家禁止或限制运输的物品；②法律、法规、规章中规定的危险品、弹药和承运人不能判明性质的化工产品；③动物及妨碍公共卫生（包括有恶臭等异味）的物品；④能够损坏或污染车辆的物品；⑤规格或重量超过每人免费携带品的重量和体积规定的物品。

（3）下列物品不得带入车内：①枪支、子弹类（含主要零部件）；②爆炸物品类；③管制刀具及可能危及旅客人身安全的其他器具；④易燃易爆物品；⑤剧毒性、腐蚀性、放射性、传染性、危险性物品；⑥活动物（导盲犬除外）、妨碍公共卫生（包括有恶臭等异味）物品；⑦能够损坏、污染车辆的物品；⑧其他禁止和限制旅客携带物品按照国家法

律、行政法规、规章规定办理；⑨酒精度超过70%vol的酒精饮料；⑩未使用硬质包装物妥善包装的自行车、带有自动力的轮式代步工具（电动轮椅除外）、平衡车、滑行器等物品。

（4）限量携带以下物品：不超过20ml的指甲油、去光剂、染发剂；不超过120ml的冷烫精、摩丝、发胶、杀虫剂、空气清新剂等自喷压力容器；安全火柴2小盒；普通打火机2个。

2. 旅客违章携带物品的处理

（1）在始发站禁止进站上车。

（2）在车内或下车站，对超过免费重量的物品，其超重部分应补收四类包裹运费。对不可分拆的整件超重、超大物品、动物，按该件全部重量补收上车站至下车站四类包裹运费。

（3）发现危险品或国家禁止、限制运输的物品，妨碍公共卫生的物品，损坏或污染车辆的物品，按该件全部重量加倍补收乘车站至下车站四类包裹运费。危险物品交前方停车站处理；必要时移交公安部门处理。对有必要就地销毁的危险品应就地销毁，使之不能为害并不承担任何赔偿责任。没收危险品时，应向被没收人出具书面证明。

（4）如旅客超重、超大的物品价值低于运费时，可按物品价值的50%核收运费。

（5）补收运费时，不得超过本次列车的始发和终点站。

3. 旅客遗失物品的处理

（1）对旅客的遗失物品应设法归还原主。如旅客已经下车，应编制客运记录，注明品名、件数等移交下车站。不能判明时，移交列车终点站。

（2）客流量较大的车站应设失物招领处。失物招领处对旅客遗失物品应妥善保管，正确交付。遗失物品需通过铁路向失主所在站转送时，物品在5kg以内的免费转送；超过5kg时，到站按品类补收运费。遗失物品中的危险品、国家禁止或限制运输的物品、机要文件应立即移交公安机关或有关部门处理，不办理转送。鲜活易腐物品和食品不负责保管和转送。

二、行李、包裹运输

（一）行李、包裹的运输合同

铁路行李包裹运输合同是指承运人与托运人、收货人之间明确行李、包裹运输权利义务关系的协议。行李、包裹运输合同的基本凭证是行李票、包裹票（小件货物快运

运单）。

行李票、包裹票（小件货物快运运单）主要应当载明：

第一，发站和到站。

第二，托运人、收货人的姓名、地址、联系电话、邮政编码。

第三，行李和包裹的品名、包装、件数、重量。

第四，运费。

第五，声明价格。

第七，承运日期、运到期限、承运站站名戳及经办人员名章。

行李、包裹运输合同自承运人接收行李、包裹并填发行李票、包裹票（小件货物快运运单）时起成立，到行李、包裹运至到站交付给收货人止履行完毕。

（二）行李、包裹的运输条件

1.行李

（1）行李是指旅客自用的被褥、衣服、个人阅读的书籍、残疾人车和其他旅行必需品。

（2）行李中不得夹带货币、证券、珍贵文物、金银珠宝、档案材料等贵重物品和国家禁止、限制运输物品、危险品。

（3）行李每件的最大重量为50kg。体积以适于装入行李车为限，但最小不得小于$0.01m^3$。

2.包裹

（1）包裹是指适合在旅客列车行李车内运输的小件货物。

（2）包裹分为四类：

第一，一类包裹：自发刊日起5日以内的报纸；中央、省级政府宣传用非卖品；新闻图片和中、小学生课本。

第二，二类包裹：抢险救灾物资，书刊，鲜或冻鱼介类、肉、蛋、奶类、果蔬类。

第三，三类包裹：不属于一、二、四类包裹的物品。

第四，四类包裹：①一级运输包装的放射性同位素、油样箱、摩托车；②泡沫塑料及其制品；③国务院铁路主管部门制定的其他需要特殊运输条件的物品。

（3）包裹每件体积、重量与行李相同。

（4）运输超过包裹规定重量和四类包裹中三项品名的物品时，应经调度命令或上级书面运输命令批准。

（5）不能按包裹运输的物品：

第一，尸体、尸骨、骨灰、灵柩及易于污染、损坏车辆的物品。

第二，蛇、猛兽和每头超过20kg的活动物（警犬和运输命令指定运输的动物除外）。

第三，国务院及国务院铁路主管部门颁发的有关危险品管理规定中规定的危险品、弹药以及承运人不明性质的化工产品。

第四，国家禁止运输的物品和不适于装入行李车的物品。

（三）行李、包裹的托运和承运

1. 一般规定

（1）旅客在乘车区间内凭有效客票每张可托运一次行李，残疾人车不限次数。

（2）托运下列六种物品时，托运人应提供规定部门签发的运输证明：

第一，金银珠宝、珍贵文物、货币、证券、枪支。

第二，警犬和国家法律保护的动物。

第三，省级以上政府宣传用非卖品。

第四，国家有关部门规定的免检物品。

第五，国家限制运输的物品。

第六，承运人认为应提供证明的其他物品。

（3）托运动、植物时应有动、植物检疫部门的检疫证明。

（4）托运放射性物品、油样箱时，应按照国务院铁路主管部门的规定提出剂量证明书、油样箱使用证。

2. 包装和货签

（1）行李、包裹的包装必须完整牢固，适合运输。其包装的材料和方法应符合国家或运输行业规定的包装标准。

（2）承运后、交付前包装破损、松散时，承运人应负责及时整修并承担整修费用。

（3）行李、包裹每件的两端应各有一个铁路货签。货签上的内容应清楚、准确并与托运单上相应的内容一致。

（4）托运易碎品、流质物品或一级运输包装的放射性同位素时，应在包装表面明显处贴上"小心轻放""向上""一级放射性物品"等相应的安全标志。

3. 包裹的押运

（1）托运金银珠宝、货币证券、文物、枪支、中途须饲养的动物等必须派人押运。押运人应购买车票并对所押物品的安全负责。承运人应为押运人购票提供方便。

（2）车站行李员对已经办理承运的包裹应通知押运人装车日期和车次。

（3）列车行李员应对押运人进行登记并告知安全等注意事项。

（四）行李、包裹的运送和运输变更

1. 行李、包裹运输原则

（1）行李、包裹运输应按照先行李后包裹、先中转后始发和长短途列车分工、安全、经济的原则，合理、均衡地组织运输。

（2）行李应随旅客所乘列车装运或提前装运；包裹应尽量以直达列车或中转次数少的列车装运。对抢险救灾物资、急救药品、零星支农物资应优先安排装运。

2. 行李、包裹变更运输

（1）托运人在办理托运手续后，可按如下规定办理一次行李、包裹变更手续（鲜活包裹不办理变更），核收变更手续费：

第一，在发站装车前取消托运时，退还全部运费。

第二，装运后要求运回发站或变更到站的（行李只办理运回发站或中止旅行站），补收或退还已收运费与实际运送区间里程通算的运费差额。

第三，旅客在发站或中途站停止旅行，要求仍将行李运至原到站时，可凭原行李票运送，旅客凭原行李票在到站提取行李，但须按包裹收费，应补收发站或中途停止旅行站至到站的包裹与行李运费的差额。

（2）办理变更运输后产生的杂费按实际产生的核收。如已收运费低于已产生的杂费时，则不补收杂费也不退还运费。但因误售误购客票产生的行李变更时，不收变更手续费。

（五）行李、包裹的交付及无法交付物品的处理

1. 行李、包裹的交付

（1）收货人凭行李、包裹领取凭证领取行李、包裹。如将领取凭证丢失，必须提供本人身份证、物品清单和担保人的担保书，承运人对上述单、证和担保人的担保资格认可后，由收货人签收办理交付。如在收货人声明领取凭证丢失前行李、包裹已被冒领，承运人不承担责任。

（2）经当事人双方约定，包裹也可使用领取凭证的传真件领取，约定内容应记载在小件货物快运运单记事栏内。收货人要求凭印鉴领取包裹时，应与承运人签订协议并将印鉴式样备案。经约定凭传真件或凭印鉴领取时，收货人不得再凭领取凭证领取。

（3）收货人领取行李、包裹时，如发现有短少或异状应及时提出。承运人必须认真检查，必要时可会同公安人员开包检查。检查发现有损失时，应编制事故记录交收货人作为要求赔偿的依据。

（4）在到站，旅客如继续旅行，要求将行李继续运至新到站时，可凭新车票及原行李票重新办理托运。

2. 无法交付物品的处理

对无法交付的物品，承运人应登记造册，妥善保管，不得动用。危险物品和枪支弹药、机要文件以及国家法令规定不能买卖的物品应及时交有关部门处理。容易变质的物品应及时处理。

三、车站客运工作组织

（一）售票工作

1. 基本要求

（1）车站应提供窗口、自动售（取）票机、铁路客票代售点等多种售票渠道，售票网点布局合理，管理规范。售票窗口和自动售（取）票机设置、开放的数量适应客流量，日常窗口排队不超过20人。办理售票、退票、改签、换票、取票、变更到站、挂失补办、中转签证等业务，发售学生票、残疾军人票、乘车证签证等各种车票，支持现金、银行卡等支付方式。

（2）根据高铁车站客流及最早最晚办理客运业务列车到达时刻合理确定售票时间和停售时间，并在售票处醒目位置公布；开窗时间不晚于本站首趟列车开车前30min，关窗时间不早于本站最后一趟列车办理客运业务后20min。在售票处醒目位置公布售票时间和停售时间。工作时间内暂停售票时设有提示。用餐或交接班时间实行错时暂停售票。

（3）自动售（取）票机及时补充票据、零钞和凭条。设备故障等异常状况处置及时。

（4）票据、现金妥善保管，票面完整、清晰。票据填写规范，内容准确、无涂改，按规定加盖站名戳和名章。

2. 售票作业程序

售票作业过程中，不仅需要解答旅客问询，保证票据票款准确，还要快速地发售车票，减少旅客购票时间，因此售票工作是一项需要耐心的工作，同时要求固定的流程避免出错。在实际售票过程中，为防止差错，又快又好地发售车票。要求售票员做到

"问""输""收""做""核""交"六字售票法：

（1）问。问清旅客乘车日期、车次、发到站、席别、票种、张数、支付方式等。

（2）输。输入旅客乘车日期、车次、选择发到站、票种、数量及席别。

（3）收。①收取购票款、乘车人有效身份证件，认真清点、核对，并根据计算机找零显示，正确找零款；②银行卡购票时，在作业系统中选择银行卡支付功能，在POS机上刷卡扣款，旅客在消费凭条上签认；③使用支付宝或微信支付时，确认支付成功。确认扣款成功后，方可进行下一步操作。

（4）做。录入旅客提供的乘车人有效身份证件号码后，打印车票。

（5）核。核对票面信息，产生废票时及时作废处理，注明废票理由并加盖名章。

（6）交。将车票、余款（银行卡、消费凭条第二联）及证件交给旅客，同时唱收唱付。

3. 改签作业程序

旅客购票后，如果不能按票面指定的日期、车次乘车，开车前48h（不含）以上，可改签预售期内的其他列车；开车前48h以内，可改签开车前的其他列车，也可改签开车后至票面日期当日24:00之间的其他列车，不办理票面日期次日及以后的改签；开车之后，旅客仍可改签当日其他列车，但只能在票面发站办理改签。始发改签应做到"接""问""输""核""做""交"六字始发改签法：

（1）接。接过车票或身份证件原件，审核原票是否有效。

（2）问。问清旅客改签的乘车日期、车次、到站、席别。

（3）输。扫描原票，还原票面信息，确认原票无误后，再将改签信息输入计算机。

（4）核。一是核对新票票面信息；二是复核票价差额是否正确。

（5）做。按系统提示退还或补收新旧车票票价差额，正确办理银行卡支付业务，并制出新票。

（6）交。将车票及余款（银行卡、持卡人存根联消费凭条）交给旅客，在原票上加盖印章，并将原票（商户存根联）收回放入抽屉归类存放。

4. 退票作业程序

旅客购票后，如需取消行程，可以在票面开车前办理退票手续。退票应做到"看""输""核""盖""交"五字退票法：

（1）看。看票面日期、车次、发到站、票价、有效期，有无行李禁退标志，旅客提供的身份证件是否与票面所载一致，有无卡购、网购车票标记，发现问题要问清车票来历、票价及退票原因。

（2）输。选择退票理由，将票面信息输入计算机。

（3）核。确认票面内容和计算机显示一致后，进行退票（银行卡购票旅客退票，进行刷卡后，净退款直接返回卡内，将POS机凭条第一联由旅客签字后收回）。

（4）盖。纸质车票人工加盖"退"字章或机器打印"退"字，并将所退车票按序存放。

（5）交。①按净退款额点清退款，将应退款及退票报销凭证一起交旅客，收回已退车票；②将POS机凭条第二联、退票报销凭证、银行卡、有效身份证件一起交旅客。

由于卡购、网购车票的增多，及实行阶梯式退票，在输入票面信息前，要告知旅客退票的手续费及卡购、网购车票钱退回原购票的银行卡，征得旅客同意后退票。

5. 交班作业程序

售票员交班作业时需清点票款，核对票据等，应做到"关""点""填""交""核""登"：

（1）关。关窗停止售票。并将关窗停售信息提前15min以上向旅客公告。

（2）点。清点票款、票据，留好备用金。

（3）填。①使用POS机进行结账操作，打印结账统计单，让作业系统进入结账状态；②填写"票据进款交接单"；③将售票款额和POS机结账金额输入计算机，按"结账"按钮后点"交班"钮，退出作业系统。

（4）交。将票款封好交进款员签收。

（5）核。核对废票、改签票和退票时收回的车票。

（6）登。在"交接班簿"上登记未使用票卷起止号、退票窗口的退票报销凭证起止号、备品、设备使用状况是否良好。退票窗口还需核对备用金。

（二）行包运送工作

1. 基本要求

（1）设置承运、交付办理窗口，提供托运单和填写托运单的必要用具。

（2）承运行包及时准确，品名相符，正确检斤、制票，运杂费收付无误，唱收唱付，不逾期、不破损、不丢失。

（3）承运限制运输的物品时，按规定查验相关的运输证明；需要押运的物品按规定办理押运手续。

（4）装卸、搬运行包轻搬轻放，大不压小、重不压轻、方不压圆，箭头向上、标签向外，堆码整齐。

（5）易碎品、流质物品或一级运输包装的放射性同位素，外包装上粘贴或印制有安

全标志；运输过程中发生行包包装松散、破损及时修整，并有记录、有交接。

（6）到达行包核对票据，妥善保管，及时通知，准确验货，正确交付，按规定期限保管。对无法交付的行包及时公告，按规定处理。

（7）认真处理行包差错，发生行包损失先赔付、后定责。

（8）仓库内无闲杂人员出入，无非行包、装卸工作人员查找、搬运行包。

（9）行包代办网点布局合理，管理规范。代办接取送达及时、准确、安全，收费规范。

（10）行包装卸单位具备相应资质；装卸人员经过装卸作业知识、技能和铁路安全知识培训合格，持证上岗。

（11）按规定实行实名制托运。核验有效身份证件原件与托运人的一致性。

（12）执行行包运输方案。装卸列车时先卸后装，按照列车行李员指定货位码放，使用规定印章办理站车交接。

2. 行李、包裹运输组织

（1）行李、包裹业务受理。铁路局集团公司、快运公司应当按照"实货制"运输要求，利用行包房、客票代售点、95306网站及客服电话等渠道，全面敞开包裹业务受理。车站要统筹门到站、站到门、站到站和门到门的业务受理，实行由同一个服务窗口统一受理客户提出的运输需求。

（2）行李、包裹的运输环节。行包运输是旅客运输的一个组成部分。组织好行包运输既方便旅客旅行，又充分发挥行李车的使用效率，完成工农业急需物资的运输任务。客运站行包组织工作分为发送作业、到达作业、中转作业和服务工作。

第一，行李、包裹承运。承运是行包运输的开始，也是铁路承担运输责任的起点，车站必须做好承运工作。为安全、迅速、准确地运输行包，对承运的行李应随旅客所乘列车或提前装运，如承运大批行包时，应事先汇报客调预留行李车容积或组织整车运输。节假日、学生、新老兵运输及地区性大型会议等，车站可派人上门办理承运，也可设专口办理团体行包。

承运行李应要求旅客出具车票。市郊定期客票不能托运行李，铁路乘车证不能免费托运行李。旅客在乘车区间内凭有效客票每张可托运一次行李，残疾人车不限次数。

承运行包时，应当确认品名、包装、件数、重量、外形尺寸及托运人应提供的运输证明，核验托运人身份证件、联系方式。不符合国家、铁路规定营业办理限制和运输条件的，不予承运。

第二，行李、包裹的保管与装车。承运后的行包按方向、区段（到站）或车次分别码放在发送仓库的货位上。货位的划分应以保证容易清点、便于装车及行包不受损为原则。

一般对行李运量不大的车站，可按区段码放，包裹按到站码放。对大批的行李或包裹应按票码放，便于制订装车计划。运输报单必须与行李、包裹同行，以免发生票货分离。

车站行李员应掌握各次列车行李车的编挂位置、车型容积、载重及车站计划装车的件数，做好计划运输、均衡运输，并严格按国铁集团制订的"行李、包裹运输方案"设计装车计划，消灭不合理中转，提高行李车的利用效率及行包的运输速度。

第三，装车作业过程。①编：编制行李、包裹装卸交接证；②填：填制列车行包装车计划清单；③装：列车到站前10min到达站台装卸车地点。站、车行李员先交换装卸车票据，先卸后装。

第四，行李包裹到达作业。①卸车。车站行李员于列车到达前与行包计划员联系预报情况确认卸车站台，预先准备好人力和搬运车辆。列车到达后，车站行李员接收并清点运输报单总数，确认与交接证相符后，按票点件卸车；②仓库保管。为保证到达行包的安全和完整，应及时将卸下的行包送到仓库保管，为便于查找对照，应根据作业量的大小和车站设备条件采用不同形式的分区堆放的方法；③交付。交付工作是行李、包裹运输过程中最后一道工序，是铁路负责运输全过程的结束，也是全部运输过程中的一个重要环节，交付后双方不再承担义务和责任。

第五，行李包裹中转作业。行包的中转作业是指行包在中转站卸下后，再装入其他旅客列车中的行李车内继续运送的作业。作业内容前半部分与到达行包的卸车作业相似，后半部分与始发行包的装车作业相似。同一城市内有两个及以上行包办理站时，各站只办理本站停靠列车沿途停车站（或经沿途停车站中转）行包的发、到业务，到达行包不得同城中转。

（三）高铁快运工作

高铁快运，全称高铁快运包裹，是指铁路企业依托但不限于利用高铁列车（含确认列车）等运输资源，为客户提供的小件物品全程运送服务。

高铁快运作为新服务类型纳入铁路包裹业务范畴，由中铁快运股份有限公司作为高铁快运业务经营主体对外经营。经铁路运输时向发送站办理托运手续。中铁快运承担高铁快运安检、相关作业及设备管理安全主体责任。

（四）客运服务工作

1.进站、候车、检票组织

（1）按规定实行实名制验证，核验车票、有效身份证件原件、旅客的一致性。

（2）候车室（区）旅客可视范围内有客运人员，及时巡视、解答旅客咨询、妥善处

置异常情况。候车区具备车票改签和自助取票功能。贵宾候车区按规定配备专职服务员以及验票终端等服务设备，提供免费小食品、饮品、报刊等服务。

（3）安检设备的设置适应客流量和站场条件，秩序良好，通道顺畅。普速车站按列车开行方向、车次组织旅客有序候车，提醒旅客对超重、超大等物品办理托运。

（4）自动检票机通道和人工检票通道正常启用，通道数量适应客流情况，高铁车站设有商务座旅客快速检票通道。设两侧检票口的，对长编组、重联动车组列车同时开启。按照先重点、后团体、再一般的原则，引导旅客通过自动检票机、人工检票通道分别排队等候、检票进站，宣传自动检票机的使用方法，提醒旅客拿好车票或身份证，防止尾随。具备居民身份证自动识读检票条件的自动检票机正常启用。人工检票口核验车票和其他乘车凭证，对车票加剪。

（5）开始、停止检票时间的设置适应客流量和站场条件，进站口有提前停止检票时间的提示。开始检票或列车到站前，通告车次、停靠站台等检票信息。普速车站始发列车检票时间不晚于开车前30min。

（6）对无票、日期车次不符、减价不符、票证人不一致等人员按规定拒绝进站、乘车。

（7）停止检票前，通告候车室，无漏乘；停止检票时，关闭检票口，通告候车室和站台。

2. 站台组织

（1）站台客运人员提前到岗，检查引导屏状态和显示内容、站台及股道情况。

（2）高铁车站按站台车厢位置标志在站台安全线或屏蔽门内组织旅客排队等候，有序乘降。铃响时巡视站台，无漏乘。普速车站组织旅客按车厢位置在站台安全线内排队等候，列车停稳后先下后上、有序乘降。铃响时巡视站台，无漏乘。

（3）办理站车交接，短编组动车组列车在4、5号车厢之间；长编组动车组列车在8、9号车厢之间；重联动车组列车在列车运行方向前组第7、8位车厢之间。普速车站在列车中部办理站车交接。

（4）高铁车站开车时间前30s打响开车铃，铃声时长10s。普速大中型车站开车时间前打响开车铃。

（5）高铁车站确认列车旅客乘降、上水、吸污和高铁快运、餐车物品装卸作业完毕后，使用无线对讲设备通知列车长与客运有关的作业完毕。

（6）同一站台有两趟列车同时进行乘降作业时，有宣传，有引导，无误乘。

（7）普速大中型车站客流较大时，始发终到列车1人值乘多个车厢、须双开车门时，车站负责值守增开的车门。

3. **出站组织**

（1）出站检票人员提前到岗，检查自动检票机、出站显示屏状态和内容。

（2）引导旅客通过自动检票机和人工检票通道检票出站，具备居民身份证自动识读检票条件的自动检票机正常启用。人工检票口核对车票及其他乘车凭证，对未加剪的车票补剪，秩序良好，防止尾随。普速大中型车站遇有大客流可敞开出口。

（3）对违章乘车旅客及违章携带品正确处理，票款收付准确。

（4）列车出站后及时清理，站台、通道无滞留人员。

（5）换乘客流大的车站根据需要设置站内换乘流线，配备相应的设备和引导标志。

第三节　铁路运输的货运组织

一、铁路货场

（一）货场的分类

1. 按办理的货物品类分

（1）专业性货场，办理货物运量大、品种单纯、作业性质相同或相近，多为散堆装货物或大宗货物，如专办煤、木材、砂石、危险货物等的货场。

（2）综合性货场，办理作业的货物品类繁多、运量分散，这种货场一般都布置在铁路枢纽内及铁路沿线各站上，为各级城镇的工矿企业和人民生活服务。

2. 按办理货物运输的种类分

（1）整车货场，是指仅办理整车货物作业的货场。

（2）集装箱货场，是指仅办理集装箱作业的货场。

（3）混合货场，是指办理整车、零担和集装箱中两种以上货运作业的货场。

3. 按线路配置分

（1）尽端式货场，是指由尽头式货物线组成的货场。

（2）贯通式货场，是指由贯通式货物线组成的货场。

（3）混合式货场，是指由尽头式货物线和贯通式货物线共同组成的货场。

在货运量较大、办理货物品类较多的地区，为避免作业过分集中和便于管理，可分设

几个货场，这些货场可按货物运输种类、货物品类或货流方向进行合理分工。

4. 按货运量的大小分

综合性货场，年运量在100万t及其以上者为大型货场；年运量在30万~100万t者为中型货场；年运量在30万t以下者为小型货场。一般位于大、中城市及工业区的车站货场，运量都较大，多为大、中型货场，而中间站货场多为小型货场。

专业性货场由于所办理货物性质的差别，难以按货运量界定其级别。如装煤、木材或砂石的专业性货场，一般都是整列或成组装卸，运量较大；办理危险货物的专业性货场，往往货运量不大，但设备和管理都比较复杂。

（二）货场的主要设备

货场应根据货运作业量、作业性质和货物品类并结合生产需要和当地条件，设置以下设备：

第一，配线，包括货物线存车线牵出线、轨道衡线等。

第二，场库设备，包括堆货场、货物站台、仓库、货棚等。

第三，装卸机械，包括栈桥线、滑坡仓、漏斗仓及各类装卸、搬运机械及其检修设备。

第四，检斤设备和量载设备，包括磅秤、汽车衡（地磅）、轨道衡、电子秤等。

第五，货运安全检测设备，包括超偏载检测装置、轮重测定仪、限界测定仪、危险品检测仪、货车装载状态视频监控系统等。

第六，生产用房，包括货运室、装卸工人休息室，装卸机械修理所、门卫室及其他房舍，大中型货场还应设置围墙。

第七，其他设备，包括道路及排水设备、货场用具（跳板、防湿枕木、防湿篷布等）、集装箱及托盘的维修保养设备、篷布修理设备、货车消毒洗刷设备、牲畜装卸及饮水设备等。

此外，在货场内还应设置照明设备、通信设备、消防设备及计算机、监控视频等现代化设备，安装使用货运管理信息系统，并配备相应的网络设备、集控设备等。

（三）货场的配线

第一，货物线。货物线，也称装卸线，是办理货物装卸作业时车辆停留的线路。货物线的装卸有效长度和货物存放场库（包括仓库、货棚、站台和各类堆货场）应根据货物品类、货运量、一次取送车数、装卸作业方法、装卸机械类型、场库设备布置和地形条件等因素综合确定。

第二，牵出线。大中型货场的牵出线是为向各装卸地点挑选车辆、牵出转线等调车作业而设置的，小型货场的牵出线是为摘挂列车甩挂作业和货场取送车作业而设置的。货场牵出线应根据行车量、调车作业繁忙程度、有无专用调车机车和有无其他线路可以利用进行调车等因素确定。设置时还须根据货场与车场的相互位置，货场与车场联络线的平、纵断面条件，车站及线路的通过能力确定。

第三，轨道衡线。轨道衡线是指装有轨道衡器设备，专门用来衡量铁路重、空车重量的线路。在工业站、国境站、港口站及其他需要用轨道衡检斤的货场内，应设置轨道衡线。轨道衡线一般应设在通往装卸地点的咽喉区，以保证车辆进入轨道衡及从轨道衡到装卸线作业的流水性，避免货车为了检斤而产生折返走行。

第四，存车线。货场存车线是临时存放车辆或选分车组用的线路。存车线的设置应根据货场作业量、车辆取送调车作业的复杂程度、车场与货场的距离及货场设备的作业能力等因素来确定。中小型货场不宜设存车线。大型货场可设1条存车线，如因地形困难，设计为尽头线时可设2条。存车线长度应根据一次取送车的最大长度和采用的调车作业方法，并结合当地地形条件加以确定。

（四）货场的分区管理

货场分区管理的目的在于加强对货场工作的领导，有利于合理使用货场设备，保证货场作业的安全性，提高货运工作质量。所以大中型货场通常根据设备的特点、作业性质、货物品类、装卸线路的布置、搬运道路情况等条件，将货场划分成若干个货区。

货区内应实行货运员包库或包线负责制，根据货区内包线、包库的作业分工情况，设置若干货运员负责所包库或线的装卸、货运作业以及设备的保管。

（五）货位的管理

货位是装车前或卸车后暂时存放货物的地点。正确地划分货位和合理地使用货位，有利于组织直达列车和成组装车，能保证按货场作业方案出车，同时也能保证装卸作业中人身、货物和设备的安全，便于装卸车作业和取送车作业的进行，能减少装卸作业与进出货搬运作业的交叉干扰，也直接影响着货场的作业能力。

（六）专用线管理

1.专用线、专用铁路定义

专用线是指凡与铁路营业网衔接的厂矿企业自有线路，但由联轨车站管辖并负责车辆取送作业的企业铁路称为专用线。专用铁路是指凡与铁路营业线衔接的厂矿企业自有的线路，自己管辖并备有机车，自行办理车辆取送作业的，称为专用铁路。

2.路企运输协议

为了实现专用线、专用铁路工作组织的基本要求，铁路和企业双方应签订专用线、专用铁路管理协议，以便双方互相配合、分工协作、承担义务、明确责任。

（1）交接地点和交接方法，主要包括货、车和篷布在专用线、专用铁路上的交接地点、交接办法，车辆技术状态的交接以及预确报、取送车作业等。

（2）调车工作组织方法，主要包括专用线内作业区域的划分，调车机车作业区域的固定，专用线内调车工作的领导指挥和调车方法，调车作业计划的编制和执行，调车机车的整备地点、时间标准和安全措施。

（3）装卸作业组织办法，主要包括货车技术检查办法，重车重量确定办法，装卸机具和人力的使用和组织，一次最大作业能力，夜间作业比重，冬季防冻解冻措施和安全作业措施，装卸、搬运的配合作业，票据的填写与运杂费的结算。

（4）日班计划的编制和执行办法，主要包括计划货源的来源，互相交接资料的内容与时间，计划的制订办法，实现日班计划的领导指挥系统等。

（5）货车运用指标及统计分析方法，主要包括货车一次作业时间标准，运用车保有量，成组、直达装车的统计分析方法。

（6）承担的经济责任，明确铁路和厂矿企业双方对执行运输协作合同所承担的经济责任，规定违约金的支付方法和因责任违约造成损失的赔偿办法。

（7）专用线共用的具体规定，主要包括共用办法、货物交接和保管办法、责任划分以及各项作业费用的核收办法等。

3.路企交接制度

铁路与厂矿企业对车辆、货物、篷布的交接是路、企双方履行运输契约的一个重要环节，交接工作必须按规定进行。

（1）车辆交接

铁路应拨配技术状态良好、卫生干净的货车供厂矿企业装运货物，厂矿企业装车前应检查车辆的技术状态。由于厂矿企业责任造成的车辆损坏，应由厂矿企业负责赔偿。

（2）货物（车）交接

第一，专用铁路内装（卸）车的货物，在协议中指定的货物交接地点办理交接；专用线内装（卸）车的货物在装卸地点或在商定的地点办理交接；派有押运人的不用交接。

第二，发、收货人组织装卸车的货物，车站应使用货车调送单进行交接。对施封的货车凭封印交接。对不施封、无篷布的货车，按货物装载状态或规定标记交接；苫盖篷布的按篷布状态交接。

第三，发站由铁路组织装车，到站由收货人组织卸车的货物，除按前述以货车调送单按施封或不施封交接方法的规定办理交接外，到站须派人至卸车地点会同收货人拆封、卸车。

第四，发站由托运人组织装车，到站由铁路组织卸车的货物，如托运人在货物运单内声明，或收货人事先向到站提出办理交接手续时，到站应于卸车前通知收货人到场，对施封货车或不施封货车仍按前述规定办法交接，并会同卸车。

（3）篷布交接

使用的篷布凭"货车篷布交接单"由托运人在车站领取。专用线、专用铁路到达和使用的篷布，均由企业负责取送。到达的篷布自货车送到卸车地点或交接地点次日起，2日内由收货人送回车站，如未能在规定日期内送回时，按规定核收货车篷布延期使用费。

二、货物损失处理

（一）货物损失报告与勘察

发现货物损失后，发现人员应保护现场，立即向车站负责人和货物损失处理人员报告。接到报告后，车站负责人应组织有关人员立即赶赴现场进行货物损失勘察、清理、资料收集并编制《货物损失报告》。必要时通知托运人或收货人。

物流企业（包括铁路物流企业或铁路运输企业委托的社会物流企业）在接取送达过程中发现货物损失时，应由物流企业相关人员对发生损失货物情况拍照留存，并编制货物损失报告连同货物损失现场照片一并交车站。

发现货物被盗、火灾等情况，发现单位（人）应立即向公安、消防部门报案。货物损失涉及铁路交通事故的，应报告铁路局集团公司列车调度、安全监督管理部门；涉及车辆技术状态的，应通知车辆部门；涉及活动物或食品污染变质的，应通知防疫、检疫部门；涉及参加保险的货物，必要时应通知保险公司；涉及海关监管的货物，应通知海关监管部门；涉及环境污染的货物，应通知环保部门；必要时还应通知托运人或收货人。

（二）货运记录的编制

《中华人民共和国合同法》和《中华人民共和国铁路法》规定，货物在运输过程中发生灭失、短少、变质、污染或者损坏时，责任一方要承担赔偿责任。因此，当铁路作为承运的一方，托运人、收货人作为运输委托方时，一旦发生经济纠纷，货运记录就是起法律效用的证明文件。

货运记录是划分责任、提出赔偿的依据，这个作用应理解为既是承运人内部各单位间，也是承运人与托运人、收货人间划分责任的依据，同时也是承运人与托运人、收货人

间相互提出赔偿的依据。

货运记录分为货主页、存查页。其中货主页为一页绿色A4专用纸（背面印有索赔须知），存查页为一页白色A4纸。货运记录（包括商务记录）及号码由保价系统生成。货运记录（包括商务记录）为货物发生损失时的证明。凡是货物在铁路运输过程中发生货物损失的，车站均应在发现损失次日内按批（车）编制货运记录。

（三）普通记录的编制

普通记录是货物在运输过程中，发生换装、整理或在交接中需要划分责任以及依照其他规定需要编制时，当日按批（车）所编制的一种凭证。普通记录及号码由相关系统生成。普通记录为现状交接证明，它是一般证明文件，不能作为要求赔偿的依据。

遇有下列六种情况之一，须在当日按批（车）编制普通记录：

第一，发生《铁路货物运输规程》《铁路货物运输管理规则》及其引申规则办法中所规定需要编制的情况时。

第二，货物损失涉及车辆技术状态时。

第三，货车发生换装整理时。

第四，集装箱封印失效、丢失或封印站名、号码与票据信息不一致或未按规定使用施封锁时。

第五，卸车（换装）发现货物件数或重量较票据记载信息多出时。

第六，依据其他有关规定，需要证明时。

在办理货运检查交接作业时发现问题，按规定拍发的交接电报应视为普通记录。

（四）货物损失速报

发现火灾，罐车装运的压缩气体、液化气体泄漏，剧毒品、爆炸品、放射性物品被盗丢失以及估计损失款额达到一级损失等情况时，应在1h内逐级报告，并在24h内向有关车站、直属站段、铁路局集团公司和有关铁路公安部门以电报形式拍发"货物损失速报"，抄送铁路总公司货运部。

三、铁路货物运输基本作业

（一）货物的发送作业

1.货物的托运

托运人向承运人提出货物运输需求，称为托运。托运人向承运人托运货物时，应通过铁路货运电子商务系统提出运输需求；托运人在交运货物时，应对货物进行符合运输要求

的包装，在货件上标明清晰明显的标记，需凭证明文件运输的货物，必须在托运前备齐相应的证明文件。

为了正确核收运输费用，以及发生丢失、损坏等货物损失时便于划清承运人与托运人之间的责任、及时正确地处理赔偿，遇到下列情况，托运人应随货物受理需求联提出物品清单：

（1）按一批托运的货物品名过多，不能在货物受理需求栏内逐一填记时间。

（2）托运搬家货物时。

（3）同一包装内有两种以上的货物时。

（4）以概括名称托运或品名、规格、包装不同，不能在货物受理需求联内填记的保价货物。

2. 货物运单

货物受理需求联是托运人向承运人托运货物的申请书，也是承运人承运货物和核收运费、填制货物运单以及编制记录和备查的依据。货物运单是托运人与承运人之间，为运输货物而签订的一种运输合同。它是确定托运人、承运人、收货人之间在运输过程中的权利、义务和责任的原始依据。

3. 提报运输需求

铁路为客户提供多种需求提报和受理渠道。

（1）客户拨打铁路局集团公司公布的货运营业站（包括货运中心、营业场所）受理服务电话，提出需求，客服人员接听电话，受理运输需求。

（2）客户拨打12306或95306客服电话，根据语音提示，进入"我要发货人工服务"。客服人员接听电话，受理运输需求。

（3）客户登录中国铁路95306网站，进入"我要发货（货运网上营业厅）"，点击"我要发货"，填写"称呼""联系电话""货物名称""发运地点""到达地点"五项信息，提报后，即刻得到反馈的查询码。铁路客服人员负责及时联系客户，受理运输需求。

（4）客户到铁路货运营业场所直接提出运输需求，铁路客服人员面对面与客户进行沟通，受理运输需求。

（5）客服人员根据客户要求或主动上门营销，受理运输需求。

（6）对铁路货运业务办理流程熟悉的客户还可通过中国铁路客户服务中心网站进入货运电子商务平台，登录后自助提报需求信息、办理业务。运输需求最终统一通过铁路货运电子商务系统（以下简称电商系统）提报。

4.货物的受理

托运人的运输需求在电商系统提报后，由承运人审查，车站对客户提报的需求应实货核实，如符合运输条件，在电商系统确认后，受理运输需求。受理时应注意：

（1）检查需求信息是否完整、准确。

（2）审核发到站办理限制、起重能力、专用线办理范围、危险货物办理限制、临时停限装、特定运输条件、接取送达等信息。

（3）审核证明文件、技术资料等原件，采集影像资料，并在证明文件背面注明托运货物数量，加盖车站日期戳，退还托运人或按规定存查。

（4）运单受理通过前对成组或整列运输的运单需求联进行标注。

（5）选择添加承运人标准记事和运输戳记；填记装载加固方案号码、费用浮动项目号及相关记事。

（6）国际联运出口（含过境）运输，还需审核客户是否在电商系统中填制国际联运运单，即客户提供的纸质国联运单是否有电商系统生成的8位数字国联运单号，纸质运单托运人填记部分的各栏内容是否与电商系统中填记的一致。

车站对抢险救灾物资、直接用于农业生产的物资，鲜活货物以及其他需要急运的物资，应优先受理。

5.货物运输实名制

车站应落实货物运输实名制。托运人为个人的，查验托运人身份证原件，留存复印件；托运人为单位的，查验营业执照、经办人身份证原件，留存营业执照、经办人身份证复印件及注明经办人信息、联系方式、联系地址及所用印章的证明材料。承运零散快运货物时，车站查验经办人身份证原件，留存经办人身份证复印件或采集影像资料。

6.进货和验收

整车货物进货。车站凭进货通知、纸质货物运单需求联接收货物。在铁路货运站安全监控与管理系统（以下简称货运站系统）分配货区货位，确认货物进齐。

集装箱进出站。车站在铁路集装箱运输管理信息系统安排铁路空箱，填制铁路箱出站单出站。铁路箱凭铁路箱出站单和纸质货物运单需求联进站，自备集装箱或站内装箱的货物凭纸质货物运单需求联进站。集装箱进站或站内装箱时车站应检斤验货，核对物品清单，并在集装箱系统补录箱货总重、货物重量和施封号。

承运人在接收托运人搬入货场的货物时，按货物运单需求联记载对货物品名、件数、运输包装、重量等进行检查，确认符合运输要求，同意货物入场、库并指定货位。

7. 装车

装车是货物发送作业中十分重要的一个环节，货物运输质量的高低在很大程度上取决于装车作业组织的好坏。装车按照"发站从严、装车从严"的原则执行，确保安全。

（1）装卸车作业的责任范围。在车站公共装卸场所以内由承运人负责。但罐车运输的货物、冻结易腐货物、未装容器的活动物、蜜蜂、鱼苗、一件重量超过1t的放射性同位素，以及用人力装卸带有动力的机械和车辆，均由托运人或收货人负责组织装车或卸车。其他货物由于性质特殊，经托运人或收货人要求，并经承运人同意，也可由托运人或收货人组织装车或卸车。

（2）车辆的使用与代用。承运人应按照运输合同约定的车种拨配适当的车辆，车种要适合货种、车吨要适合货吨。承运人如无适当货车拨配，在征得托运人同意、保证货物安全等的条件下可以代用。

第一，车种代用必须遵守承认代用的批准权限，以长大货物车、冷藏车代替其他车辆及改变罐车使用范围时，应经国铁集团承认；其他车辆代替棚车时，应经铁路局集团公司承认，批准的命令号码要记载在货物运单"记事"栏内。

第二，车辆代用必须符合《铁路货物装载加固规则》中《货车使用限制表》的规定。

第三，对保密物资、涉外物资、精密仪器、展览品，能用棚车装运的必须使用棚车装运，不得用其他货车代替。

第四，装运特殊条件的货物，如阔大货物、危险货物或鲜活货物等，应使用规定要求的货车。

（3）装车前检查（装前"三检"）。

第一，检查货车。主要检查车辆是否符合使用条件，货车状态是否良好。要认真检查货车的车体（包括透光检查）、车门、车窗、盖阀是否完整良好，有无扣修通知、色票、货车洗刷回送标签或通行限制，车内是否干净，是否被毒物污染。装载粮食、医药品、食盐、鲜活货物、饮食品、烟草制品以及有押运人押运的货物等时，还应检查车内有无恶臭异味。发现有不符合使用的情况，应采取适当措施，必要时应更换车辆。

第二，检查货物运单需求联。检查所填记内容是否符合运输要求，有无漏填和误填。发现实际货物名称与货物运单需求联或物品清单记载不一致的，不得装车。

第三，检查待装货物。要根据货物运单需求联认真核对待装货物品名、件数，检查标志、标签和货物状态。对集装箱还应检查箱体、箱号和封印。对需要进行加固的货物或需苫盖篷布的货物，还须认真检查装载加固材料、装置及货车篷布、篷布绳网等数量和质量是否符合要求。

（4）装车作业基本要求。装车时必须核对实际货物件数、重量与货物运单需求联或物品清单记载是否一致，要认真监装，做到不错装、不漏装，巧装满载，防止偏载、偏

重、超载、集重、亏吨、倒塌、坠落和超限。对易磨损货件应采取防磨措施，怕湿和易燃货物应采取防湿或防火措施。装车过程中，要严格按照《铁路货物装卸安全技术规则》有关规定办理，对货物装载数量和质量要进行检查。

须加固的货物，有定型方案的，严格按方案装车；无定型方案的，车站应制订装载加固方案，并按审批权限报批，按批准方案装车。严禁无方案装车。

装载散堆装货物，顶面应予平整。对自轮运转的货物、无包装的机械货物，车站应要求托运人将货物的活动部位予以固定，防止脱落或侵入限界。

（5）货车和集装箱的施封。货车和集装箱施封是为了保证货物安全与完整，便于进行货物（车）交接和划分运输责任，而使用施封锁等对货车（集装箱）的车（箱）门及罐车的注、排料口加封的措施。在货物运输过程中，通过检查施封状态即可判明货物是否完整。据此划分托运人和承运人双方或铁路内部发站、货检站、到站等各部门间应承担的安全责任。

使用棚车、冷藏车、罐车和集装箱运输的货物，由组织装车或装箱单位负责在货车或集装箱上施封。但派有押运人的货物，需要通风运输的货物以及组织装车单位认为不须施封的货物（集装箱运输的除外），可以不施封。施封后应将施封号码在货物运单、货运票据封套和货车装载清单上记明。

（6）装车后检查（装后"三检"）。

第一，检查车辆。装车后，应再度检查货物装载情况是否符合要求，确保装载稳固、捆绑牢固，还要按照《铁路货物运输规程》《铁路货物运输管理规则》和车门管理要求认真检查车门、车窗、盖阀的关闭及其拧固、加固情况。对需要施封的货车要按规定进行施封；对装载货物的敞车要检查车门插销、底开门搭扣情况和篷布及绳网苫盖、捆绑情况；对运输中有特殊要求（如禁止溜放、限速连挂等）的货物按规定插挂货车表示牌。对超限、超重货物，还须对照批示文电，认真核对装车后尺寸。为落实装车质量责任制，要严格执行装车质量签认制度，做到"装一辆重车、保一路平安"。

第二，检查货物运单需求联。对照现车，检查货物运单需求联的填写是否齐全、正确。装车后，实际货物件数、重量与货物运单需求联或物品清单记载不一致时，按实际装车的货物件数、重量修改货物运单需求联和物品清单。

第三，检查货位。主要是检查货物有无误装或漏装。

8. 计费制单

（1）整车货物在装车完毕后，零担和集装箱货物在验收完毕以后，托运人应向车站交付运输费用，并在货票系统中填制电子货物运单。

（2）制票作业系指根据货物受理需求联填制电子货物运单。电子货物运单是铁路运输的凭证，也是一种财务性质的货运票据。它是铁路清算运输费用、确定货物运到期限、

统计铁路完成的工作量、确定货运进款和运送里程及计算有关货运工作指标的依据。

（3）车站在货票系统中核对"已装车"的整车货物运单、"已检斤验货"的集装箱货物运单信息，录入承运人记事，计算运输费用，打印运单发站存查联、托运人存查联、收款人报告联、领货凭证联（客户需纸质领货凭证时），作为运输合同正本和副本。发站存查联、托运人存查联、纸质领货凭证背面应有托、收货人须知及货物托运安全承诺书。实行运输跟踪管理的剧毒品使用黄色纸张打印运单。运单状态变为"已制票"。

（4）托运人应在发站存查联正面的托运人签章处及背面的"货物托运安全承诺书"处签章后，车站在打印出的运单各联上加盖车站日期戳。发站留存发站存查联，托运人存查联和领货凭证交托运人，收款人报告联上报铁路局集团公司。

9. 承运

零担和集装箱货物在发站验收完毕，整车货物在装车完毕，并核收运费后，发站在货票系统中填制电子货物运单的作业，称为承运。

货物承运意味着托运人和承运人的运输合同签订完毕，开始生效。承运是铁路负责运输的开始，也是承运人对托运人履行运输合同的一个重要标志，它表示铁路开始对托运人托运货物承担运输义务，并负责运输上的一切责任。

10. 取车作业

车站在货运站系统、集装箱系统对装车、制单完成具备取车条件的车辆（包括使用货物运单、货车装载清单、特殊货车及运送用具回送清单、货运记录等货运票据的车辆）进行"可取车"通知操作，现车系统自动获取票据信息。

现车系统接到货运站、集装箱等系统推送到的"可取车"信息后，车站组织取车作业。

11. 货物的押运

铁路实行负责运输，因此对所承运的货物应负责照看与防护，以保证货物状态完整。但是由于有些货物性质特殊，在运输过程中需要加以特殊防护和照料，需要托运人派人押运。

需要派人押运的情况有以下五种：

（1）活动物。

（2）需要浇水运输的鲜活植物。

（3）需要生火加温运输的货物。

（4）挂运的机车和轨道起重机。

（5）特殊规定应派押运人的货物。如军事物资、国家尖端保密物资、《铁路危险货物运输管理规则》规定需要押运的危险货物、外形比较复杂的超级超限货物等。

押运人数，除特殊规定外，每批货物不应超过2人。托运人要求增派押运人或对上述以外的货物要求派人押运时，须经承运人承认。

（二）货物的途中作业

货物在运输途中进行的各项货运作业统称为途中作业，主要包括途中货物的交接、检查，换装整理，运输合同变更，整车分卸及运输障碍处理等内容。

1.交接、检查

为了保证货物运输的安全和完整、明确责任，货物在运输过程中，铁路内部作业人员，在指定的地点和规定的时间内办理货车或货物的交接和检查工作。

对施封的货车，凭封印交接，对于不施封的货车，凭货车（或篷布）现状、货物装载状态或规定的标记交接。若接方发现有异状，由交方编制记录后接收。

2.换装整理

货车在运输过程中，发现可能危及行车安全或货物完整时所进行的更换货车或对货物的整理作业，称为货物的换装整理。其中，换装是指将不宜继续运行货车中的货物卸下，装入适宜安全运输的货车内的作业；整理是指就原车货物的装载位置、高度进行整理，或卸下超载部分的货物及捡拾洒漏货物，以便货车能继续安全运行的作业。

换装整理的费用，属于铁路责任时，由铁路内部清算；属于托运人责任，处理站应填发垫款通知书，由到站向收货人核收。

3.运输合同变更

货物运输合同签订后，承托双方都应信守合同、严格履行。但由于托运人或收货人的特殊原因，对已承运的货物，可按批向货物所在的中途站或到站提出变更到站、变更收货人的书面要求。货物运输合同变更包括变更到站、变更收货人、承运后发送前取消托运、货物运输合同的解除。

4.运输障碍的处理

出于不可抗力（如风灾、水灾、地震等）的原因致使行车中断，货物运输发生阻碍时，铁路对已承运的货物，可指示绕路运输；或在必要时先将货物卸下，妥善保管，待恢复运输时再行装车继续运输，在这种情况下所需的装卸费用，由承担装卸作业的铁路局集团公司承担。

因货物性质特殊，绕路运输或卸下再装可能导致货物损失时，处理站应联系托运人或收货人，请其在要求的时间内提出处理办法。如超过时间未接到答复或因等候答复将使货物造成损失时，按照国家颁发的《关于港口、车站无法交付货物的处理办法》的规定处

理。此时，处理站应开列清单，报请当地经济主管部门批准，但当货物有变质、燃烧、爆炸及泄漏等危险时，可先行处理，事后报告。

上述各项途中作业中，货物交接、检查属于途中的正常作业；换装整理作业、货物运输变更和运输障碍的处理属于由某种原因而引起的非正常作业。为了全面提高货物运输质量，运输过程中的各个作业环节必须密切配合，严格按规定操作，尽可能减少非正常途中作业的发生。

（三）货物的到达作业

1. 列车到达和送车作业

车站接收列车确报，与机车乘务员办理列车编组顺序表交接签认，依据确报或列车编组顺序表按规定核对现车；通过现车系统掌握车辆相关运输信息，编制作业计划，组织解体、集结、编组等作业；根据货运部门送车需求，编制作业计划，组织送车作业。

2. 卸车

（1）卸车前检查（卸前"三检"）。

第一，检查货位：主要检查货位是否能容纳下待卸的货物，是否清洁，相邻货位上的货物是否与待卸货物性质有抵触。

第二，检查运输票据：主要检查票据记载的到站与实际货物实际到站是否相符，了解待卸货物的情况等内容。

第三，检查现车：主要检查车体状态是否良好，货物装载、施封、篷布有无异状，现车与运输票据是否相符。如发现异状应先行处理后再进行卸车，有关事项应予记录。

（2）卸车作业。卸车作业开始前，货运员应向卸车人员详细传达卸车要求和注意事项。卸车作业过程中，要正确拆封、开启车门或取下所苫盖的篷布。要逐批核对货物，清点件数，检查货物状态，合理使用货位，按标准进行码放。卸车时发现货物损失或货物与运单信息不一致，按规定在货运站系统编制货物损失报告。要注意作业安全，加快卸车进度，加速货车周转。卸车时，负责卸车单位应将货物彻底卸净，卸空的货车应清扫干净，并关闭车门、车窗、端侧板、冷藏车的冰箱盖、罐车盖、阀等。

（3）卸车后检查（卸后"三检"）。

第一，检查运输票据：主要检查货运站系统记载的货位，与货物运单记载的卸车货物是否相符。

第二，检查货物：主要检查货物的件数与货物运单记载是否相符；货物的堆码及防火、防湿措施是否符合要求；货车篷布是否按规定妥善折叠并送往固定地点；托运人自备的货车装备物品和加固材料及装置是否已妥善保管等。

第三，检查卸后空车：主要检查车内有无残留货物；车体是否被损坏；车内是否清扫干净无异物无异味；车门、窗、端侧板是否关闭严密；失效的货车表示牌是否已撤除等。

卸车完毕运单状态变为"已卸车"。车站在货运站系统、集装箱系统对卸车完毕的车辆，进行"可取车"通知操作，现车系统自动获取票据信息。车站编制作业计划，组织取车作业。

（4）货车的洗刷除污。对于装过活动物、鲜鱼介类、污秽品等货物的车辆，以及受易腐货物污染的冷藏车和《铁路危险货物运输管理规则》规定必须洗刷除污的货车，由铁路负责洗刷并按规定向收货人核收费用。若收货人有洗漱消毒设备时，也可由收货人自行洗刷、消毒。

3. 货物的交付和搬出

货物交付是指承运人在规定的地点与收货人进行货物（车）交接后，并在货物运单上加盖交付戳记，表示货物运输过程终止。

车站在确认到达及卸车相关信息，核收相关费用后，打印运单到站存查联、收货人存查联加盖车站日期戳。运单收货人存查联交收货人，运到到站存查联由收货人签章后留存。运单状态变为"已内交付"。车站凭加盖车站日期戳的运单收货人存查联点交货物，并加盖"货物交讫"戳记，凭此搬出货物。

由承运人组织卸车和发站由承运人组织装车、到站由收货人卸车的货物，在向收货人点交货物或办理交接手续后，即为交付完毕；发站由托运人组织装车，到站由收货人组织卸车的货物，在货车交接地点交接完毕，即为交付完毕。交付完毕后，货物运输合同即告结束。

货物运输合同的履行从货物承运开始至交付完毕时止。货物交付工作是铁路运输服务的最后环节，交付完毕意味着铁路货物运输合同就此终止，铁路负责运输就此结束。

第四节　铁路运输安全技术与管理

一、铁路运输安全基础技术

（一）防超载超限技术

1. 超载、超限的危害

出于装车不准、装载不匀或运行中货物移动等原因，铁路货车超载和偏载的情况常有发生。严重的超、偏载无论是对车辆本身的技术状态还是对列车的运行安全来说，都是一

种直接的威胁，轻则弯梁、热轴，影响车辆寿命，重则断轴、爬轨，引起列车颠覆，我国铁路已有许多教训。因此，研制一种自动探测运行货车超、偏载的检测装置以防止车辆在超、偏载状态下运行，具有十分重要的意义，也是非常迫切的现实需求。

2. 超载、超限检测原理

应用微型计算机进行实时处理，技术先进，不仅能够检测车辆重量、判别超载车和偏载车，而且能够测出车辆运行速度，鉴别车型，数出列车中的车辆编挂辆数和计算出列车重量，功能多，用途广。

CPZ-1型自动检测装置由轮重检测系统、车型鉴别系统、光电数车系统、微型计算机、微型打印机、直流稳压电源及来车音响和电源开关自动控制器七个部分组成。线路上安装的附属装置包括轮重检测传感器、车型鉴别传感器和数车装置。

打开主机电源开关，来车音响和电源开关自动控制器以及轮重检测系统即处于准备状态。当列车到达检测地点前150m时，来车音响和电源开关自动控制器工作，通知值班人员，列车到来并自动打开光电数车系统灯光电源和直流稳压电源，直流稳压电源给各部分电路供电，各部分进入工作准备状态，当列车进入检测地点时，光电数车系统、车型鉴别系统、轮重检测系统和微型计算机进行工作，由微型计算机将输入的数车信号、车型信号和轮重信号进行运算和处理。全列车通过检测地点后，随即由打印机打出超、偏载检测结果，然后自动切断光电数车灯光和直流稳压电源，恢复初始状态。

（1）超载判别。微型计算机选录的是动轮重波形的最大值即峰值电压，取多测点动轮重波形峰值的算术平均数作为静轮重（电压量），再乘上静标定系数即得静轮重的吨数，一辆四轴车8个车轮静轮重之和是车辆的总重，测得的车辆总重与车辆允许总重之差就是超载量。

（2）偏载判别。车辆偏载检测以防止车轮脱轨、保证运行安全为目的。车辆减载是引起脱轨的主要原因，常用减载率来衡量。车辆运行中的减载率包含着线路、车辆和装载状态等各种影响，偏载判别则主要针对装载状态，因此确定偏载车是以控制每个轮对的静轮重减载率为依据的。

（3）轮重检测。轮重检测系统采取轨腰剪切法。轮重传感器是采用钢轨轨腰部分直接粘贴电阻应变片的方式，32个应变片组成4个测点通道的全桥电路，两侧钢轨对称布置，每侧两个测点，测点相距约1m。轮重检测的功能是将应变片电桥送来的轮重信息放大、检波和滤波，之后馈送给微型计算机集录和处理。

3. 超载、超限检测技术

（1）根据钢轨应力变化来间接测出轮重的测量方式。这种方式根据力学原理，轨道

的两根枕木及其上的钢轨相当于一根简支梁，轨枕相当于支点，当列车轮重加到钢轨上时，钢轨的横截面产生剪切力，此应力的大小与受到车轮的压力大小有关，由测出应力的大小，即可求出所受压力的大小。这种测量方式目前已经进入实用阶段。

第一，轨道称重传感装置。它是针对以往超偏载检测装置采用普通钢轨作为弹性体，在钢轨上等距离设置普通传感器来采集信号，从而造成测量精度不高，不能满足计量要求的缺点而设计的。

该装置由钢轨及设置在钢轨轨腰上的传感器构成，应用剪切应变原理及电桥测量原理，有效地采集钢轨在承载力作用产生的变形信号，可应用于动态称重、超偏载检测及动态电子轨道衡中用作传感装置。此装置测量精度高、稳定性好，滞后、蠕变小，安装无基坑、不断台、不限速，可动态测量，制作方便，造价低廉，应用方便。

第二，货车车辆超载、偏载检测系统。它采用的轮重传感器共有4只拴式剪力传感器，分两组，左、右各两只构成电桥，完成剪力的计算，达到测量车辆轮重的目的。拴式传感器安装在钢轨的中性轴上，构成电桥的两只传感器在相邻两根枕木之间，形成一组车轮轮重传感器。传感器的这种组合方式，可以消除传感器测量范围以外的力的影响，从而保证了轮重检测的精度。

该系统的应用软件包含了测重数学模块、超载与偏载判别模块、车型鉴别模块等程序。通过系统软件，可迅速、方便地查看每个车轮轮重数据、单车数据、整车数据以及采集的轮重信号的波形。车辆的类型建立在特定的数据库中，系统可准确地判定机车的类型，系统可根据机车的类型适时地对系统的称重进行标定。超载、偏载系统的计算机系统采用工业控制计算机，其运算速度快、存储量大，同时抗干扰能力强。

第三，铁路货物列车动态称重装置。铁路货物列车动态称重装置采用安装在钢轨腰部锥孔内部的外壳带凸台的插销式称重传感器，可在列车运行速度为60km/h以下时自动称量货物列车重量，通过方向识别传感器和方向识别及控制单元以及计轴计辆单元能自动识别运行方向、车速、车种，并能排除机车，自动识别货车的类型及超载和偏载状况。它是一种称重精度较高的无基坑轮计量式货物列车动态称重装置，可实现双向称重，成本低、故障因素少、可靠性高。

这套装置采用轨腰剪切应变法测定轮重。根据力学原理，轨道的两根枕木及其上的钢轨相当于一根简支梁，轨枕相当于支点，当火车轮重加到钢轨上时，钢轨的横截面产生剪切力，在钢轨的中性轴上系纯剪切二向应变状态，两个主应力的方向与中性轴的夹角为45°，而装置使用的称重传感器外壳上有4个互成90°角的棱条状锥面凸台，依靠这4个凸台与钢轨中性轴上内孔锥面的接触承受钢轨的主应力。这种结构排除了外表为锥面的称重传感器由自身或钢轨锥孔的圆度误差导致两者接触面偏离主应力的方向，从而降低测量精度的缺点，使测量精度大为提高。

第四，第二代超偏载仪。第二代超偏载仪能自动识别各型机车车辆，检测出车辆的总重、转向架重、轴重、轮重、前后偏载量等，能进行超载量、车速等数据计算，技术性能有了较大提高。

第二代超偏载仪现已联网使用，联网后提高工作效率和检测质量，也大大提高了装车质量。但是，该仪器在检测过程中要求被检测列车匀速通过检测点，凡被检列车停在检测点上将无法得到检测结果；由于超偏载仪本身无车号识别功能，不能自动获得各车辆现车信息并准确叠加上去，而是将检测数据顺序上传到系统，因而如果在系统接收到检测数据之前列车编组发生变化，将可能会导致检测数据的"张冠李戴"，从而引起错误。

（2）由位移传感器检测钢轨变形量的测量方法钢轨测量杆位移传感器。针对以上各种检测方法的不足之处，由位移传感器检测钢轨变形量的测量方法钢轨测量杆位移传感器是一种新的超偏载检测方法。它通过两个扣件将一与钢轨平行的硬质测量杆固定在钢轨上，其中杆的一端采用铰接方式与扣件相连，而杆中部的扣件可使杆的竖直方向以该扣件为中心转动，在杆的另一端的下方用扣件将一个接近位移传感器安装在钢轨上，当有车辆通过时，由于轮重的不同，在通过该处时使钢轨的受力变形也不同，从而使测量杆与位移传感器的距离发生变化，位移传感器将此变化量采集记录下来，再配以数据处理和自动车辆识别系统处理软件，可得出所通过车轮的重量和车型，从而实现超载与偏载判别，可迅速、方便地查看轮重数据、台车数据、整车数据以及采集的轮重信号的波形，系统可准确地判定车辆类型。系统采用位移传感器，受温度等各种外界因素的影响很小。

本系统使用扣件将传感器固定在钢轨上，避免了将应变片牢固长期粘贴在钢轨上这一难题，而位移传感器的安装相对采用应变片做传感器的安装，对安装精度要求要低得多，同时由于安装过程无须断轨安装，因而系统稳定，抗干扰能力强，安装方便。

（3）基于静态称重的检测方法。固定式轨道衡测量方法只具有简单的静态称重功能，投资大且需要专门的称重地点，不能检测出偏载，而且由于安装要求和成本较高，无法大量采用，使应用受到很大的局限性。测偏载静态电子轨道衡克服了以往静态电子轨道衡只能对整车计量的缺点。

测偏载静态电子轨道衡主要由称重台、限位机构、轨距保持机构和称重传感器组成。其特点是称重台是由4个独立的称体按田字形排列构成，这4个称体可共同测出整车的重量，而各称体又是独立的，因而对车辆的前端或后端、左侧或右侧、车辆某一角的重量偏差均可测得计量数据，在每个称体顶面上装有一条位于称体纵向中心线上与称体纵向等长的导轨；在各称体下方至少有内、外侧两对横向限位机构与基础连接，并至少有一对纵向限位机构与基础连接；在横向相邻两称体之间至少装有两个轨距保持机构，该轨距保持机构是由横向相邻两称体相对侧上的支座之间由一弹性钢板连接构成，可有效保证车辆在装载和移动过程中铁路轨道不致偏移和碰撞而影响计量。

（二）防火灾爆炸技术

列车火灾灾情一般很重，损失大，善后处理工作复杂，造成经济损失惨重，因此加强防火灾、爆炸是十分必要的。

1. 火灾、爆炸的危害

（1）火灾和爆炸的形成。火灾实际上是一种燃烧现象，一般是一种放热发光的化学反应，而爆炸是一种由于化学变化形成压力急剧上升的现象。爆炸有时是伴随着火灾发生的，反之，爆炸时所生成的气体温度可高达1000℃以上，这又完全有可能点燃可燃物质而导致火灾的发生。如果在发生火灾的同时发生爆炸，不仅对火势的加剧有极大影响，而且对灭火救灾人员和附近群众的生命安全有严重的威胁。

在爆炸时还会产生冲击波，其破坏的分布情况比较复杂，在火场上，冲击波能将燃烧着的物质抛散到高空和周围地区，冲击波还会破坏难燃结构的保护层，使可燃物外露，这又为扩大燃烧面积创造了条件。火场中如果有沉浮在物体表面上的粉尘，爆炸的冲击波会使粉尘飞扬于空间，与空气形成爆炸性混合物，有可能再一次爆炸或连续多次爆炸。物质的燃烧，必须同时具备物质燃烧的三个条件——可燃物、氧（空气）或氧化物、点火源，缺一不可，同时具备、相互结合、相互作用，并有足够的数量，燃烧才会发生。防火防爆就是在列车结构的设计、运输管理等各个方面采取措施，来消除物质燃烧的某些因素，抑制、控制火灾的发生和蔓延。

火灾爆炸事故是在可燃物、助燃物（空气、氧化剂）和点火源三个基本条件同时存在且相互作用时才发生的。也就是说，火灾爆炸事故的发生必须具备物质的可燃性、助燃物和点火源三者同时存在时才构成一个燃烧系统。爆炸是瞬间的燃烧，火灾和爆炸可随条件而转化。

从宏观角度分析，列车火灾事故的产生主要是以下两方面引起：

第一，人的因素。人的因素主要体现在重视不够，防火安全工作摆不上日程，火险隐患长期得不到解决，发生了火灾事故隐瞒不报，查处不严，不能真正吸取教训，管理不严，防火组织、措施、工作不落实，职工防火意识薄弱。

第二，设备因素。设备因素体现在客车、仓库、危库、货场、油库、危品专运站、客站技术站等重要部位的基础设施、设备不符合防火安全规定，火险隐患大量存在，消防基础设施建设发展缓慢，消防装备落后，不少地方都存在着缺少防火设施或设施陈旧的问题。

（2）防火防爆相关规定。

第一，列车防火防爆安全措施。严格执行客运、货运"三品"查堵，加强客车电气设

备的检查检测，客车和车站配备有效和合适的消防器材，加强客车"二炉一灶一电"的使用管理，加强旅客车内禁止吸烟的宣传和检查，加强货物装载加固的规范和检查，严格易燃、易爆货物承运制度，加强罐车的检修，严格罐车限量灌装，落实电化区段货物运输安全措施。

第二，客运车站的防火防爆安全措施。电气设备故障火花是客运站的引火源之一。因此，除了严格按照有关规范安装电气设备外，还要建立定期监测制度，避免因电气设备发生短路、断路、过负荷等故障而引发火灾。站内要设置醒目的宣传栏，使乘客自觉遵守防火安全规定。同时要对乘客携带的物品加强观察、检查和询问，防止旅客藏匿易燃、易爆物品乘车。行李房内严禁明火，电气设备的安装和使用要严格按照规范执行。

第三，客运、货运"三品"查堵规定。严格旅客进站、托运行包的检查，认真执行行包和货物托运的开包和过机检查，旅客列车加强列车员立岗检查和车内定期巡视制度，积极开展车内禁止吸烟的宣传和检查。客运、货运所指的"三品"指的是易燃、易爆和有毒物品。易燃物品有汽油、香蕉水、煤油等。易爆物品有鞭炮、雷管、丁烷等气体瓶。有毒物品有氰化物、硒化物、强酸性液体（如硫酸、硝酸等）等。

（3）旅客列车的防火防爆安全措施。列车火灾爆炸事故应急处置的基本方法：

第一，当列车发生火灾爆炸后，首先疏散人员，隔离肇事车辆；及时报告，积极采取自救，迅速切断电源；抢救伤员，保护现场，协助调查取证。

第二，旅客列车在运行时，除了加强宣传、检查外，还应加强火源、用火设备及电气设备的安全检查和管理。列车上的电气设备、线路须由专业人员按电器安装规程进行安装，并定期进行检查、测试和维修。

第三，可由列车长、运转车长、乘警、检车组长和餐车主任等共同负责客运列车的防火工作。乘务员工作分工，建立岗位防火责任制。

第四，行李车、邮政车须经常清理检查，防止行李、包裹内夹入火种。代客车（货运篷车代替客车）内的照明须采用有桅灯并悬挂在固定的位置上。车内不能用稻草等可燃物铺垫，车厢内应配备一定数量的灭火器。

第五，列车内不能使用蚊香、蜡烛、酒精炉、煤油炉等，并禁止躺卧吸烟。餐车不宜炼油和油炸食品。

第六，须制订扑救旅客列车火灾的应急方案，并使全体乘务员熟练掌握。

（4）货物列车防火措施。

第一，罐装的剧毒、易燃压缩气体和液化气体，承运站须检查装载技术状态以及充装记录和证明，并有合格的押运员，方可办理承运手续。

第二，各站检查装有易燃、易爆危险品车辆时，不能使用明火照明。检修时不能使用电焊、气焊及喷灯等工具。

第三，车站对已编好组列车的有关防火安全情况向运转车长及列车货运员介绍，并按规定办理站台交接手续。

第四，各编组站应有专用固定的装载易燃、易爆物品车辆的停留线。

2. 火灾、爆炸检测原理

火灾的发生和发展是一个非常复杂的非平稳过程，它除了自身的物理化学变化以外还会受到许多外界的干扰。火灾一旦产生便以接触式（物质流）和非接触式（能量流）的形式向外释放能量，接触式包括可燃气体、燃烧气体和烟雾、气溶胶等，非接触式如声音、辐射等。火灾探测器就是利用敏感元件将火灾中出现的火焰、燃烧产物、燃烧音等物理化学特征转换为另外一种易于处理的物理量。

第一，燃烧产物。燃烧产物即通常所说的烟气，包括两种：①气态燃烧产物，主要成分为 H_2O、CO 和 CO_2。由于环境湿度的影响，通常不把 H_2O 作为火灾探测参数。一般情况下，空气中 CO 和 CO_2 的含量极低，而在火灾燃烧时才会大量出现，使空气中这两种气体含量急剧增加。气态燃烧产物的典型物理特征是气体特征光谱、气体浓度和气体温度。②固态高温产物。固态高温产物来源于可燃物中的杂质以及高温状态下可燃物裂解所形成的物质，温度在数百到上千摄氏度。高温微粒通常表现出来的物理特征有对光线的散射和吸收作用、对离子的俘获和阻挡作用、在流动中保持相当的温度、带静电荷。

第二，燃烧音。燃烧过程产生的高温会加热周围的空气，使之膨胀形成压力声波，其频率仅在数赫兹（次声）。这种次声是物质燃烧的共同现象，而其在这个频带中日常杂音也很少，所以在这个频带进行探测可以去除相当大部分的噪声干扰。

第三，火焰。火灾燃烧是一种复杂的放热化学反应过程，火焰的温度通常能到 $900 \sim 1400\,℃$。在这个过程中通常会产生大量的炽热微粒。正是这些炽热微粒的存在，使火焰发出电磁波辐射，包括可见光，这些光学特性为远距离探测火灾提供了可行性。

3. 火灾、爆炸检测技术

（1）火灾探测基本方法。火灾检测是保证生产安全、运行稳定必不可少的技术措施。火灾现象是与环境条件密切相关的，因此火灾探测技术可以认为是一种特殊的在噪声环境中根据火灾的相关基本物理特征，检测和识别早期火灾特征信号的技术。

第一，光电探测法。光电探测法是根据火灾所产生的烟雾颗粒对光线的阻挡或散射作用来实现感烟式火灾探测的方法。

根据烟雾颗粒对光线的作用原理，光电感烟探测法分为减光式和散射光式两类：①减光式光电感烟探测是根据烟雾颗粒对光线（一般采用红外光）的阻挡作用所形成的光通量的减少量来实现对烟雾浓度的有效探测，一般是构成发光与收光部分分离的对射式线状火灾探测；②散射光式感烟探测是根据光散射定律，在点状结构的火灾探测器通气暗箱内用

发光元件产生一定波长的探测光，当烟雾气溶胶进入检测暗箱时，其中粒径大于探测光波长的着色烟雾颗粒产生散射光，通过与发光元件成一定夹角（一般在90°～135°，夹角越大，灵敏度越高）的光电接收元件收到的散射光强度，可以得到与烟浓度成比例的信号电流或电压，用于判定火灾。

散射光式光电感烟探测法对于普通可燃物在火灾初起和阴燃阶段所产生的着色烟雾颗粒可以有效探测，最小可测烟雾粒径取决于探测光波长，目前常用的探测光波长处于红外波段，如我国常用砷化镓红外发光管。一般，考虑到光电元件尤其是发光元件的有效寿命，光电感烟式火灾探测器均采用间歇式工作方式，以确保这类火灾探测器在正常使用和良好维护条件下寿命达到10～15年。

第二，空气离化探测法。空气离化探测法是利用放射性同位素释放的α射线将空气电离产生正、负离子，使得带电腔室（称为电离室）内空气具有一定的导电性，在电场作用下形成离子电流；当烟雾气溶胶进入电离室内，表面积较大的烟雾粒子利用其吸附特性吸附其中的带电离子，产生离子电流变化。这种离子电流变化与烟浓度有直接线性关系，并可用电子线路加以检测，从而获得与烟浓度有直接关系的电信号，用于火灾确认和报警。

采用空气离化探测法实现的火灾烟雾浓度探测一般称作离子感烟探测，它对火灾初起和阴燃阶段的烟雾气溶胶检测非常灵敏有效。这类火灾探测器是核技术应用的产物，在正常使用和良好维护条件下，火灾探测器寿命一般可达10～15年。

第三，火焰光探测法。火焰光探测法是根据物质燃烧所产生的火焰光辐射的大小，其中主要是红外辐射和紫外辐射的大小，通过光敏元件与电子线路来探测火灾现象。这类探测方法一般采用被动式光辐射探测原理，用于火灾发展过程中火焰发展和明火燃烧阶段，其中紫外式感光原理多用于油品和电气火灾，红外式感光原理多用于普通可燃物和森林火灾；为了区别非火灾形成的光辐射，被动感光式火灾探测通常还要考虑可燃物燃烧时火焰光的闪烁频率3～30Hz。

第四，可燃气体探测法。对于物质燃烧初期产生的烟气体或易燃易爆场所泄漏的可燃气体，可以利用热催化式元件、气敏半导体元件或三端电化学元件的特性变化来探测易燃可燃气体浓度或成分，预防火灾和爆炸危险。一般，这类火灾探测方法在工业环境应用较多，相应的火灾探测器须采用防爆式结构；随着城市煤气系统的广泛应用，非防爆式家用可燃气体探测器在建筑物中正不断普及。

第五，复合式火灾探测法。复合式火灾探测是建立在单一参数火灾探测基础上的，是利用火灾发展模型、专用集成电路设计技术和火灾信息处理技术形成的探测方法。复合式火灾探测法是根据普通可燃物火灾模型，在同一时间段同时对火灾过程中的烟雾、温度等多个参数进行探测和综合数据处理，以兼顾火灾探测可靠性和及时性为目的，分析判断火

灾现象，确认火灾。对庚烷、酒精、汽油、棉花纤维，棉芯、聚亚安酯等进行试验，其响应速度及误报率降低方面均比单一感烟探测有所提高。

第六，热（温度）探测法。热（温度）探测法是根据物质燃烧释放出的热量所引起的环境温度升高或其变化率大小，通过热敏元件与电子线路来探测火灾。目前，常用的热敏元件有电子测温元件（热敏电阻）、双金属片、感温膜盒、热电偶等，其中电子测温元件热滞后性较小，对于普通可燃物可在火灾发展过程中阴燃阶段的中后期实现较为有效的火灾探测，在火焰燃烧阶段和有较大温度变化的火灾危险环境可实现有效的火灾探测。

（2）火灾自动报警检测技术。火灾自动报警检测是为了尽早地探测到火灾并发出警报，以便及早采取疏散人员、启动灭火系统、控制防火门等相应防范、抢救措施，而设置在建筑物或其他场所中的防火安全设施。这类装置可以对火灾初期阶段产生的烟、热、光等做出有效响应，将其转化为电信号并处理、放大，以特定的声和光发出警报信号，引起人们的警觉，从而有效地防止火灾的发生和发展。

火灾的自检测是一个有效的火灾保护系统，在火灾形成阶段就能自动地、可靠地和快速地进行识别。火灾探测器能越早地送出信息和控制功能，就越能及时地在最恰当的时候控制火灾而最大限度地减少物质损失。在物理术语中，火灾是在一个不知道的地点并在一个不确定的时间内的状态变化。火灾可以从典型的特征和参数（如烟雾量的增加、火焰和温度的升高等）在它的早期就被探测出来。各种火灾探测可按照它们的探测火灾特性的能力来识别，选择和应用。

每个火灾探测系统由中央控制器、探测器和报警器组成。自动感烟探测器独立地每天24h监视和守卫着整个车站、车间或现场。火灾报警控制器可精确地标示出一个报警信号与哪一个区有关，以及报警的性质，并发出警报，断开通风系统，关闭防火门并操作自动灭火装置。使用火灾探测器的早期探测是有效和全面的火灾保护的重要手段。

第一，火灾探测器。火灾探测器是指对发生火灾后的某种火灾现象（烟、热、光等）响应，并自动产生火灾报警信号的监测器件。它是组成各种火灾自动报警系统的重要组件，其作用是监视被保护区域有无火灾发生。

第二，火灾报警控制器及技术。火灾报警控制器是能为火灾探测器供电，接收、显示和传递火灾报警信号，并能对自动消防设备发出控制信号的一种装置。它是火灾自动报警系统的重要组成部分，与自动灭火系统联动，便可以组成火灾自动报警灭火系统。

（三）防环境灾害技术

1. 环境灾害的危害

铁路运输系统面临的外部环境比较复杂，既有自然环境，也有社会经济环境，这些环

境的变迁对铁路运输系统的安全状态影响很大，很多环境因素直接构成了对设备的破坏，或者影响了人的认知和判断，成为导致交通事故的重要因素。

环境灾害对铁路运输的影响。铁路作为国家重要的基础设施、国民经济的大动脉和大众化的交通工具，在交通运输中发挥着骨干作用。随着经济的快速增长，铁路所担负的交通运输任务也越来越繁重，但每年各类洪灾都对列车行车安全和正常运输构成很大威胁。对于低温雨雪冰冻，地震、洪水、风雹、台风等极其严重的自然灾害，铁路作为"生命线"一旦受灾，工程将受到破坏，运输受到严重干扰，威胁旅客、员工生命及货物财产安全，削弱甚至丧失防御灾害和提供经济与社会发展运力支撑的能力。我国是一个自然灾害严重的国家，灾害种类多并频发，典型的自然灾害是冰雪、洪水和地震。科学地认识自然灾害对铁路影响，发展铁路防御灾害技术并应用，是防灾减灾最有效的途径和手段。

2. 环境灾害监测原理

（1）地质灾害监测原理。地质灾害监测的主要任务为监测地质灾害时空域演变信息、诱发因素等，最大限度地获取连续的空间变形数据。地质灾害监测是集地质灾害形成机理、监测仪器、时空技术和预测预报技术于一体的综合技术。监测方法按监测参数的类型分为四大类：

第一，物理与化学场监测，是监测灾害体物理场、化学场等场变化信息的监测技术方法，如应力监测、地声监测、放射性元素（氡气、汞气）测量、地球化学方法以及地脉动测量。目前用于监测滑坡等地质灾害体所含放射性元素（铀、镭）衰变产物（如氡气）浓度、化学元素及其物理场的变化，地质灾害体的物理、化学场发生变化，往往同灾害体的变形破坏联系密切，相对于位移变形，具有超前性。

第二，变形监测，是以测量位移形变信息为主的监测方法，如地表相对位移监测、地表绝对位移监测（大地测量、GPS测量等）、深部位移监测。该类技术目前较为成熟，精度较高，常作为常规监测技术用于地质灾害监测。由于获得的是灾害体位移形变的直观信息，特别是位移形变信息，变形测量往往成为预测预报的主要依据之一。

第三，诱发因素监测，是以监测地质灾害诱发因素为主的监测技术方法，包括三点：①降水、地下水活动是地质灾害的主要诱发因素；②降水量大小、时空分布特征是评价区域性地质灾害（特别是崩、滑、流三大地质灾害的判别）的主要判别指标之一；③人类工程活动是现代地质灾害的主要诱发因素之一，因此地质灾害诱发因素监测是地质灾害监测技术的重要组成部分。

第四，地下水监测，是以监测地质灾害地下水活动、富含特征、水质特征为主的监测方法，如地下水位（或地下水压力）监测、孔隙水压力监测和地下水水质监测等。大部分地质灾害的形成、发展均与灾害体内部或周围的地下水活动关系密切，同时在灾害生成的

过程中，地下水的本身特征也相应发生变化。

（2）气象灾害监测原理。气象灾害监测目前主要是通过气象观测网、天气雷达网及气象卫星等多种手段进行监测，并将监测得到的信息迅速传递到气象中心，及时处理和综合分析而实现的。

气象观测网中的各个气象站，观测的项目和时间都是统一的，一般每隔6~8h观测一次，将观测得到的各种信息按照统一的格式编报，把各种气象要素和天气现象填在专用的地图上或进行专门的处理，根据多种时刻的气象图和实况分析，就能清楚地了解各种天气的分布情况及发生、发展的演变情况，同时，为判断气象灾害出现的区域、强度、影响的时间、移动的方向和速度等提供了依据。

天气雷达网则根据需要采取定时或不定时的跟踪观测，能够及时监测暴雨等天气的演变和移动情况。气象卫星则是从宇宙空间，用遥感的方式监测气象灾害，将遥感到的信息传递给地面接收站，由接收站将信息转换为人们所直观的卫星云图或其他资料，对这些资料或云图进行分析处理后，可以及时了解大范围的暴雨洪涝、森林火灾等的分布和变化情况。实际应用时，常将三种不同方式监测到的信息进行综合考虑，全面分析，再得出结论。

3. 环境灾害监测及预防技术

（1）环境灾害监测技术。铁路运输处于全天候的自然环境中，大风、洪水、雪害、塌方滑坡等，无一不对运输安全造成危害。通过安装监测和报警系统，在环境变化达到临界状态以前给出报警是监测铁路环境灾害的有效方法。

第一，雨量计。雨量计（或量雨计、测雨计）是气象学家和水文学家用来测量一段时间内某地区降水量的仪器（降雪量的测量则需要使用雪量计）。雨量计的读数可以用手工读出或者使用自动气象站，而观测的频率则可以根据采集单位的要求而变化。大多数情况下收集的雨水在观测后就不再保留，但也有少数气象站会保留作为污染程度或其他测试的样本。雨量计的测量是有限制的。在风力过大（热带风暴或飓风）时使用雨量计是没有意义的，因为在对雨量计本身造成伤害的同时，所记录的结果也会有过大的误差。

此外，雨水黏附在筒壁或漏斗上，会导致测量结果略微偏小。另一个常见的问题是当温度接近冰点时，雨水在落到雨量计上时可能会结冰，从而导致漏斗堵塞或其他问题。与其他气象学仪器一样，雨量计应当放置在远离建筑物和树木的空地上，以最大限度地减小观测误差。

第二，水位报警器。水位报警器是通过机械式或电子式的方法来进行水位的报警，可以使用声光报警器等设备或者同时控制水泵等设备的启动或停止等方法进行报警预测。

第三，地震仪。记录地震波的仪器称为地震仪，它能客观而及时地将地面的振动记录

下来。其基本原理是利用一件悬挂的重物的惯性，地震发生时地面振动而它保持不动。由地震仪记录下来的震动是一条具有不同起伏幅度的曲线，称为地震谱。曲线起伏幅度与地震波引起地面振动的振幅相应，它标志着地震的强烈程度。根据地震谱可以清楚地辨别出各类震波的效应。纵波与横波到达同一地震台的时间差，即时差与震中离地震台的距离成正比，离震中越远，时差越大。由此规律即可求出震中离地震台的距离，即震中距。

第四，降雪积雪监测器。降雪是指在一段时间内降落的新雪深度，但不包括飘雪和吹雪。为了测量深度，雪这一名词还应包括直接或间接的由降水形成的冰丸、雨凇、冰雹和片冰。雪深通常指观测时地面上雪的总深度。积雪的水当量是融化积雪而得到的水的垂直深度。在开阔地上的新雪深度用有刻度的直尺或标尺做直接测量。为了得到一个有代表性的平均值，应当在认为没有吹雪的地方进行次数足够的垂直测量。如果有陈雪，由于位于下层的陈雪已被压缩和融化，用连续两次测量的总深度的差值来计算新雪深度是错误的。在出现大面积吹雪的地方，需要做很多次的测量以得到有代表性的深度。

第五，风速监测装置。风速监测装置是指将流速信号转变为电信号的一种测速仪器，可测量流体温度或密度。热式风速仪原理是：将一根通电加热的细金属丝置于气流中，热线在气流中的散热量与流速有关，而散热量导致热线温度变化而引起电阻变化，流速信号即转变为电信号。

（2）环境灾害的监控及预防。对于铁路环境灾害的监测，可在基础设备检测到各类环境灾害后，利用计算机技术、数据通信技术、软件技术实现信息传输及信息综合管理，同时与综合安全监控系统组网，以实现对灾害的监测。目前客运专线建立了防灾安全监控系统，以保证列车正常、安全地运行。

二、铁路运输安全保障技术

（一）安全保障技术

安全保障技术以"消除隐患、降低风险、防范事故、减少损失"为宗旨，以铁路安全保障相关设备为载体构建全时空的安全监管和规范化管理的运输保障体系，实现对铁路运营的安全保障和维护。

第一，安全信息传输技术。在铁路运输的过程中，安全信息传输主要通过有线和无线两种方式。通过无线方式将车载安全信息传至地面，并将地面安全控制指令传向列车。同时，通过有线方式实现车内以及地面不同区域之间的信息交互，从而实现安全保障的协调联动，为铁路行车提供坚实的保障基础。

第二，安全信息获取技术。安全信息获取是安全保障技术的基础，通过应用传感器技术、轨道电路、模式识别等信息获取手段实现将人、机、环境的相关安全原始信息转换成

能为人所直观识别、理解的信息，为安全信息处理及决策提供数据基础。

第三，安全评估技术。利用获取的安全信息对铁路运行过程中潜在的风险因素进行辨识和分析，判断系统发生事故和危害的可能性及其严重程度，通过评估方法建模分析实现对铁路运行过程的安全性评估。

第四，安全信息处理技术。通过对采集的安全数据进行整合与共享，建立分析模型对获取信息进行分析处理，辅助交通管理者做出决策，主要包括信息预处理与信息综合处理两个环节。

第五，安全监控技术。通过各类铁路安全监控设备实现对铁路运行相关设备状态的监视，如火灾检测及车轴、车门空调、噪声等的安全控制，钢轨、机车动力和制动方面的安全检测等，为铁路安全运行提供保障。

第六，安全预警技术。通过安全系统工程学方法，利用先进技术，及时对获取的安全信息进行分析预测，对各种铁路安全危害征兆进行监测、识别、诊断与评价，并及时报警。

第七，应急救援技术。当突发事件发生时，调动一切应急所需资源包括组织、人力、物力等各种要素实施救援，最大限度地减少人员伤亡和财产损失、防止事故扩大和蔓延，清理事故现场，抢修损坏设备，尽快恢复铁路运输秩序。

第八，安全保障决策支持技术。利用获取的安全信息，通过构建模型、模型实验、知识推理等决策支持手段，为决策者提供决策方案并在方案实施过程中提供指导。

（二）监控预警技术

1.机车车辆故障诊断步骤

机车车辆故障诊断是以机车运行中在某种激励下的响应作为诊断信息的来源，通过对所测得的参量（如振动位移、速度、加速度等）进行各种分析处理，并以此为基础，借助一定的识别策略对机车车辆的运行状态做出判断，进而诊断有故障的零部件并给出故障部件、故障程度以及故障原因等方面的信息。在机车车辆的故障诊断实践中，一个完整诊断过程，一般包括以下四个基本步骤：

（1）确定状态监测的内容。状态监测的内容主要包括监测参数、监测部位、监测方式等，它主要取决于故障形式，同时也考虑被监测对象的结构、工作环境等因素以及现有的测试设备条件，这是整个故障诊断工作的基础。

（2）构建故障信息测试系统。按照状态监测内容选取合适的传感器及数据采集装置，组成故障信息测试系统，收集故障诊断所需的信息。测试系统包括硬件和软件两部分，在构建测试系统时，应注意信号获取的灵敏度和精度等性能，同时要考虑测试系统的

环境适应性以及如何在故障信息采集阶段进行降噪除噪等，以简化后续的信号分析处理过程。

（3）数据分析处理及故障特征信息提取。这一步骤的主要内容是对测试系统所获得的故障信息进行加工处理，包括滤波、异常数据的剔除以及各种分析算法等。其主要目的是从有限的采集数据中获得尽可能多的关于被诊断对象状态的有用信息，并从中提取故障的特征信息，这是机车车辆故障诊断的核心。

（4）状态监测、故障诊断及预报。该步骤是机车车辆故障诊断的最终目的工作和最重要环节，主要是根据列车各监测部件的结构特征，构造或选定有效的故障诊断判据，确定划分被诊断部件状态的各有关参量的阈值等内容，以此判定列车上被诊断对象的运行状态，并对其未来发展趋势进行预测。

2. 列车故障信息的提取

（1）故障特征参量的定义。在机车故障诊断实践中，将对故障灵敏、稳定可靠的物理参量称为故障特征参量。列车的故障类型千差万别，每一种故障类型，系统必定会通过一个或多个物理参量将其表征出来，每一种故障类型可以由一种或多种原因所引起。

对于同一种故障类型，当它们发生在不同的列车分系统上时，其故障特征参量也不同。因此，在确定某种故障的特征参量时，应结合具体的分系统进行具体分析。

（2）故障特征参量选取的原则。不同的故障类型有不同的故障特征与之相对应。即故障类型不同，其故障特征参量也不同。同一种故障类型，当其环境条件（包括故障主体）发生变化时，其故障特征参量也不同。因此，故障特征参量一般要通过理论分析和实验的方法来确定。

选取故障特征参量应遵循以下三种原则：

第一，高度敏感性。列车系统或分系统状态的微弱变化应引起故障特征参量的较大变化。

第二，高度可靠性。故障特征参量是依赖列车系统或分系统的状态变化而变化的，如果把故障特征参量取作应变量，列车系统或分系统状态取作自变量，则故障特征参量应是系统状态这个自变量的单值函数。

第三，实用性。故障特征参量应是便于检测的，如果某个物理参量虽对某种故障足够灵敏，但这个参量不易获得，那么这个物理参量也不便用作故障特征参量。

3. 列车运行安全监控技术

（1）网络监控系统的主要功能。

第一，通过综合监测保证高速列车系统控制设备以及列车中每节车辆的各受控设备按照司机操纵和行车指挥命令，协调工作。

第二，对列车的运行状态进行全面统一的监测和控制，并把监测信息提供给司机。

第三，对于列车所在线路绝对位置的检测。通常是利用电机的速度脉冲计算得到距离，并可利用地面标记和手动按键修正里程，不仅给司机提供信息，也给地面通信网和行车调度随时提供列车位置的精确信息。

第四，迅速正确地检测出列车控制与诊断所需的各种信息，以便司机及时发现列车运行中可能出现的各种故障情况，包括显示确定故障部位以便司机采取相应的应急处理措施并通知地面车辆维修部门准备采取措施。

（2）轨道动态监测技术。我国对轨道的检测主要依靠轨道检查车，轨道检查车是检查轨道病害、指导轨道维修、保障行车安全等的大型动态检测设备，也是实现轨道科学管理的重要手段。

轨道检查车能检测轨道高低、轨向、轨距、水平、三角坑、车体垂直振动加速度、车体水平振动加速度及速度、里程等项目，还能提供曲线超高、曲率等轨道信息，对各检测数据能实时处理和事后分析处理，能实时打印公里小结表、区段总结报告表、曲线摘要报告表、三级超限报告表和轨道质量指数报告表，能摘取超限位置、超限项目、超限峰值及超限长度，能反映出曲线起止点、曲线长度、平均曲率、平均超高、平均加宽、曲线最高允许速度、曲线限制点等，同时能提供每200区段轨道测量指数，各检测项目结果实时显示在显示屏和波形记录纸上，并存储在磁带上。轨检车的使用为监控轨道质量、指导现场养护维修、保障行车安全提供了极为重要的技术手段，为进一步研究轨道状态变化规律、探索轮轨作用关系、实现轨道状态信息现代化管理打下了基础。

（3）道口状态监控技术。

第一，道口障碍物检测方式。除检测机车外，还须检测道口附近区域有无障碍物。当检测到有障碍物时，则使有关信号机和特殊信号发光机动作，同时通知列车司机采取相应措施减速；如无障碍物则可通知列车正常通过。检测方式主要包括：①光、电（光、红外线、激光）方式。在道口上布满光束，根据障碍物遮断光束来进行检测。②环形线圈方式。在道口地面下埋设环形线圈，当汽车等金属物体压在环形线圈上时，环形线圈的电感便发生变化，以此来检测障碍物。③超声波检测。若反射波返回时与路面门脉冲重合，则表示道口无车辆；若反射波与车辆检测门脉冲重合，则表示道口有车辆；若反射波连续3次以上既未与路面门脉冲重合，也未与车辆检测门脉冲重合，则按道口内有车辆处理。④图像检测。利用拍摄的视频图像，采用模式识别和图像处理技术，识别图像中的行人或车辆。

第二，系统检测方式。来车信号检测能够有效检测远处来车情况，并将所检测信号传递给系统后续设备，以便及时采取相应措施提醒行人、车辆避让，避免事故的发生。检测设备主要包括传感器、无线电技术和视频技术。

三、铁路运输安全管理

（一）铁路运输安全管理的基本类型

"铁路运输是目前我国采取主要的运输方式，因此，它的运输安全问题不仅影响着个人的经济利益，同时对社会经济的发展也起到了重要保障。"[1]随着现代科学技术的高速发展，"安全"二字被赋予了新的概念和内涵。安全不是常识，而是一门科学，是一门的新型科学。

1.铁路安全信息管理

安全信息一般是指在运输生产过程中，对一切有利于安全生产的指令和系统安全状态的描述或反映。安全信息既是安全管理的对象，又是安全管理的重要支持。安全信息包括：

第一，安全动态信息，指在完成运输任务和执行指令信息过程中的正面和负面效应的反映。

第二，安全反馈信息，从执行指令信息结果获得，能反馈用来调整和控制安全生产的信息。

第三，安全指令信息，指各种交通安全法规和安全方针、政策、目标、计划和措施等。

第四，其他安全信息，如安全科学技术和管理信息等。

从某种意义上说，铁路安全管理就是准确、及时、经济地收集、加工、传递、存储、检索、输出一切对铁路安全有用有利的信息管理，并用铁路安全所需的安全指令信息、安全动态信息、安全反馈信息和其他先进的安全科技和管理信息，精心指挥、精心组织、精心管理运输生产，不断开创铁路安全生产的新局面。严密的组织和先进的手段，如建立健全各种信息中心和网络以及电子计算机和各种先进的信息处理技术是铁路安全管理的保证。

2.铁路安全技术管理

铁路安全技术管理的任务是正确执行国家有关技术政策、标准、规程和铁路主要技术政策，为运输安全提供可靠的技术依据和技术措施；充分发挥科技是第一生产力的作用，不断吸收现代科技先进成果，促进运输安全管理科技含量提高。由此可见，铁路运输安全技术管理包括对铁路安全硬技术设备的维护与管理和对铁路安全软技术的开发与应用。

（1）铁路安全软技术的开发与应用，包括与交通安全有关的各种操作办法、管理方

---

① 张朋.浅谈铁路运输安全[J].城市建设理论研究（电子版），2014（36）：4826.

法、交通安全管理基础理论及安全科学理论的研究与应用。

（2）铁路安全硬技术设备的维护与管理是指对运输基础设施和安全技术设备的研制、试验、引进、装配、维护和安全质量管理等。

3.铁路安全教育管理

为了实现铁路安全，必须通过各种形式和方法，对广大干部和职工进行经常性的安全教育，其内容主要有四条：

（1）安全知识教育，包括安全生产技术知识和安全管理知识教育，目的是解决应知的问题。前者包括运输生产特点、安全特性、设备性能、各部门作业方法及规范要求、事故成因及预防等。后者主要是针对安全管理人员而进行的安全教育，内容包括交通安全管理体制和各部门安全管理体系的构成与运作、事故预测和预防；系统安全评价的基本原理和方法；人机工程学、安全心理学、行为科学等有关知识与应用。

（2）安全技能教育，即通过对作业人员进行长期、反复训练及本人实践，把所学到的安全知识转化为动手能力，主要是解决应掌握的问题，内容包括岗位熟练操作、防止误操作和处理异常情况的技术、知识和能力。

（3）事故应急处理教育，一般应包括事故应急处理知识教育、自我保护和自救互援教育、事故现场保护方法教育和事故应急处理演习等。通过上述教育能有效地防止事故损失扩大，为清理事故和迅速恢复正常运输秩序创造有利条件。

（4）安全思想教育，它是安全教育的重点所在，内容包括安全生产方针、政策、重要意义；劳动纪律、作业纪律；各项规章制度和典型事故案例教育等。通过正反两方面的教育使基层作业人员和各级管理人员牢固树立"安全第一"的思想，强化"预防为主"的意识，正确处理好安全与效率、效益的关系。

此外，交通安全是一项全员参与的活动，对各种交通参与者进行的交通安全知识、交通安全常识及安全法制宣传、教育也是安全教育管理的重要内容，应与地方政府配合进行。

（二）铁路运输安全管理的主要策略

1.人员安全管理

（1）激励安全动机。激励是指运用精神和物质手段去激发人的动机的心理过程。一个人有多种多样的动机，各种动机因强度不同，对人的行为所起的支配作用也不同，交通安全管理必须通过强有力的激励措施，使安全动机在职工心理上占有主导地位。对安全生产进行激励的目的是通过激励引导职工的安全需要，强化安全动机，促成安全行为。在职工角色定位（职责、任务等）和一定思想业务素质条件下，运用激励手段，鼓励他们忠于

职守、努力工作，在安全生产上取得成绩，并获得应有的奖励，从而使他们在精神和物质上得到暂时的满足。如果因违章违纪造成事故损失受到惩罚后，通过认真总结经验教训，避免事故再次发生。然而，不论是暂时满足还是吸取教训，都会使职工在面对新的机遇和挑战时调整自己的行为。

随着经济和社会发展，激励的手段和方法呈多元化趋势，主要有奖励与惩罚、竞赛与升级、职工参加民主管理和对管理行为实施监督等。交通安全生产的长期实践证明，竞赛与奖励相结合的方法是激励广大干部和职工安全生产积极性的有效途径。

（2）心理与生理管理。牢固的安全意识是交通安全的重要前提和保证，是广大干部和职工对交通安全的认识、情感和态度发展到严于律己时的思维定式，是形成安全动机和行为的先决条件。增强个人安全意识可确保安全自控，增强群体安全意识可实现安全互控和联控。

（3）改善交通安全环境。一定的工作环境会使人们产生一定的心理状态，而心理状态决定人们工作的竞技状态。良好的工作环境，能使人们以饱满的热情、充沛的精力投入安全生产。因此，应根据人的感知、注意、记忆、思维、反应能力在不同环境因素下的变化规律，对不同作业场所的照明、色彩、温度、湿度、粉尘、布局等，从对人的心理产生积极影响的效果出发进行设计和安排。

在运输生产过程中，各级组织对安全工作的领导必须坚持"严字当头、严格要求、严肃管理"，但同时也要正确处理好人与人之间的关系，包括领导、干部与职工之间的关系。协调干群关系的关键在于要树立廉洁奉公的干部形象，切实转变干部作风，真心实意地关心职工生活，满腔热情地体察职工的思想、情感和困难，尽最大努力满足他们多层次的需要，帮助他们解除后顾之忧，使广大职工身体健壮、精力充沛、情绪饱满地投身到运输生产中去。

（4）提高技术业务能力。能力是一个人比较稳定的心理特征，与知识、技能关系密切。知识是人类历史经验的总结和概括，对个人来说是学习的结果；技能是实际的操作技术，是训练的结果。知识和技能是人的能力形成的基础，并能促进能力的发展。

2. 铁路应急管理

（1）应急管理概述。应急管理是指政府及其他公共机构在突发事件的事前预防、事发应对、事中处置和善后管理过程中，通过建立必要的应对机制，采取一系列必要措施，保障公众生命财产安全，促进社会和谐健康发展的有关活动。

应急管理是对重大事故的全过程管理，贯穿事故发生前、中、后的各个过程。应急管理是一个动态的过程，包括预防、预备、响应和恢复四个阶段。在实际情况中，这些阶段往往是交叉的，但每一阶段都有自己明确的目标，而且每一阶段又是构筑在前一阶段的

基础之上。因而，预防、预备、响应和恢复相互关联，构成了重大事故应急管理的循环过程。

（2）铁路的应急资源管理。资源保障体系是铁路应急管理体系运转的物质保证条件，它为实现系统资源的合理布局和动态调配进行资源配置、储备及维护等，以提高资源的综合利用和使用效能，同时提供资源状态信息，保障整个系统的正常运行，有效应对重大事故。该体系直接与关系到整个应急体系运行的有形资金和具体物资打交道，资源供应的准确、及时、丰富与否直接与应急管理的成效挂钩。

因此，应急管理部门需要根据应急预案切实做好应对重大事故的人力、物力、财力、交通运输及医疗卫生等保障工作，保证应急响应的顺利进行，其中人力、物资和资金资源是保证应急救援工作顺利进行的必备条件。

应急演练是检测重大事故应急管理工作的最好度量标准，但是由于演练的成本很高，不可能经常进行，绩效评估则可以弥补上述缺陷。因此，应急管理体系绩效检验应将两方面结合起来，起到相互补充的作用，从而达到较好的评估效果。

（三）铁路运输安全管理的事故处理

"铁路交通的安全性、稳定性及可靠性始终是铁路管理部门努力与追求的目标。"[①] 铁路事故发生后，应按照"四不放过"的原则进行调查处理。对于事故责任者的处理，应坚持思想教育从严，行政处理从宽的原则。但是对于情节特别恶劣，后果特别严重，构成犯罪的责任者，要坚决依法惩处。

处理铁路交通事故是铁路各个管理机关的主要职责之一。遵循统一的事故处理程序，是事故处理人员在处理事故中，正确执行国家法律和其他铁路有关法律，明确职责权限，提高办案效率的前提和保证。

1. 行车事故的通报

事故发生后，事故现场的铁路运输企业工作人员或者其他人员应当立即向邻近铁路车站、列车调度员、公安机关或者相关单位负责人报告。有关单位和人员接到报告后，应立即将事故情况向企业负责人和事故发生地安全监管办安全监察值班人员报告，安全监管办安全监察值班人员按规定向安全监管办负责人报告。

发生特别重大事故、重大事故，由铁路局安全监察司负责向国务院办公厅报告，并通报国家应急管理部等有关部门。发生特别重大事故、重大事故、较大事故或者有人员伤亡的一般事故，安全监管办应向事故发生地县级以上地方人民政府及其安全生产监督管理部门通报。

事故现场通话按"117"立接制应急通话级别办理。铁路局、安全监管办、铁路运输

① 杨兴坤，陈鑫磊. 铁路交通事故防治与建议［J］. 交通企业管理，2013，28（12）：65.

企业应向社会公布事故报告值班电话，受理事故报告和举报。

2. 行车事故的调查

（1）组织领导。特别重大事故按《条例》规定由国务院或国务院授权的部门组织事故调查组进行调查。重大事故由国家铁路局安全监察司组织事故调查组进行调查。调查组组长由铁路局安全监察司负责人或指定人员担任，安全监察司、交通运输局、公安局等部门和铁路局派出机构、相关安全监管办等部门（单位）派员参加。

较大事故和一般事故由事故发生地安全监管办组织事故调查组进行调查。调查组组长由安全监管办负责人或指定人员担任，安全监管办安全监察部门、有关业务处室、公安机关等部门派员参加。

国家铁路局认为必要时，可以参与或直接组织对较大事故和一般事故进行调查。

（2）调查组调查。事故调查组在事故发生后应当及时通知相关单位和人员；一般B类以上、重大以下的事故（不含相撞的事故）发生后，应当在12h内通知相关单位，接受调查。

事故调查组到达现场前，组织事故调查组的机关可指定临时调查组组长，组成临时调查组，勘查现场，掌握人员伤亡、机车车辆脱轨、设备损坏等情况，保存痕迹和物证，查找事故线索及原因，做好调查记录，及时向事故调查组报告。

事故调查组到达后，发生事故的有关单位必须主动汇报事故现场真实情况，并为事故调查提供便利条件。事故发生单位的负责人和有关人员在事故调查期间应当随时接受事故调查组的询问，如实提供有关资料和物证。

事故调查组有权向有关单位和个人了解与事故有关的情况，并要求其提供相关文件、资料，有关单位和个人不得拒绝。

事故调查组根据需要，可组建若干专业小组，进行调查取证。事故调查中需要对相关的铁路设备、设施进行技术鉴定或者对财产损失状况以及中断铁路行车造成的直接经济损失进行评估的，事故调查组应当委托具有国家规定资质的机构进行技术鉴定或者评估。技术鉴定或者评估所需时间不计入事故调查期限。

各专业小组应按调查组组长的要求，及时提交专业小组调查报告。调查组组长应组织审议专业小组调查报告，并研究形成《铁路交通事故调查报告》，由调查组所有成员签认。调查组成员意见不一致时，应在事故报告中分别进行表述，报组织调查的机关审议、裁定。

事故调查中发现涉嫌犯罪的，事故调查组应当及时将有关证据、材料移交司法机关。事故调查组形成《铁路交通事故调查报告》，报组织事故调查的机关同意后，事故调查组的工作即告结束。

第六章 铁路运输调度及其高质量发展

第一节 铁路运输调度的任务及工作制度

一、运输调度的基本任务

铁路是国家重要的基础设施、国民经济的大动脉、交通运输体系的骨干。"铁路运输不仅是一种简单的运输方式，它更是我国经济发展赖以依存的工作重心。"[①]

铁路运输业是一个庞大复杂的联动系统，它具有点多、线长、单位多、分工细、连续性强的特点，生产过程中要求各部门、各单位和各工种必须有节奏地协同动作、相互配合，这个特点也决定了铁路运输生产必须贯彻执行安全生产、集中领导、统一指挥、逐级负责的原则，这样才能发挥国民经济大动脉和交通运输系统骨干的作用。

正因为铁路行车工作是由多部门、多工种相互配合共同进行的，运输生产过程受各种因素影响，运输状况每天都在发生变化，经常偏离规定的标准，需要不断通过加强日常管理，将运输生产控制在正常状态的范围之内，使各部门、各单位在工作中步调一致，协同动作，保证安全、迅速、准确地完成任务，除了有事先周密的计划部署外，为适应日常可能出现的情况变化，还必须有严密的行车指挥系统。因此，铁路设置了调度部门，作为整个铁路运输组织过程中不可或缺的核心组成部分，担负铁路日常运输的组织、协调和指挥工作。

铁路运输调度是铁路日常运输组织的指挥中枢，分别代表各级领导组织指挥日常运输工作。铁路运输调度担负着确保运输安全、组织客货运输、保证国家重点运输、提高客货服务质量的重要责任，对完成铁路运输生产经营任务，提高铁路运输企业效益起着重要作用。各级调度人员必须精心组织，科学调度指挥，努力增运增收。凡与运输有关各部门、各工种都必须在运输调度的统一组织指挥下，进行日常生产活动。

随着社会进步和科技发展，调度部门也在发生着巨大的变化。在调度集中区段，调度员不仅要从事调度指挥工作，还要担负起车站作业组织工作，直接控制进路和信号，参与接发列车和调车作业，近年来高铁里程不断延长，与之相适应的规章制度、技术设备、应

[①] 侯哲. 铁路运输调度安全管理探讨［J］. 百科论坛电子杂志，2020（13）：1864.

急救援、组织手段发生着革命性的变化，调度工作正面临着新的形势和任务。

铁路运输调度是铁路安全生产的保障者，铁路运输效益的创造者。运输调度代表着铁路行政长官行使生产指挥权和安全生产的监督权，因此说运输调度是指挥部，运输调度是核心，运输调度是铁路运输生产的龙头。概括起来，从运输生产的过程这个角度来说，运输调度具有以下作用：

（一）组织客货运输

旅客或货物的运输最终体现在客货列车运行组织上，调度部门虽然不直接面对旅客和货物，但对客车车底的编组、客车车辆的摘挂、旅客列车突发问题的处理、军事运输的组织等环节，各工种调度都必须或多或少地参与组织协调工作，货物运输从运输计划的编制、装车计划的安排、上货配空挂运上线，直至货物列车运行组织，货运调度、机车调度、行车调度等其他工种调度都不同程度地参与运输组织工作。因此，组织客货运输，完成客货运输任务，调度部门发挥着不可替代的重要作用。

（二）确保运输安全

铁路运输组织生产过程中，调度掌握着运输资源的调配权限，调度员的命令指示直接与列车运行相关，设备故障下的应急指挥调度也要发挥重要作用。尤其是非正常情况下行车指挥，处置不当极易造成安全隐患，发生次生事故。铁路运输调度应强化调度安全工作，明确提出在确保安全的前提下，组织运输生产，提高运输效益和效率，妥善处置突发事件，树立起"安全第一"的工作意识。

（三）提高客货服务质量

铁路客货运输质量的提高，树立铁路良好的社会形象与调度工作质量的高低密切相关，安全有序地将旅客和货物运送到目的地，作为运输组织的核心部门责任重大。例如，保证旅客列车安全正点地到达目的地，积极有效地组织好临客开行，满足节假日旅客出行需求。按照运到期限保证货物及时到达目的地，最大限度地提高运输效率，根据市场需求完成运输任务，支持好地方企业的发展，调度部门需要做好很多工作，因此调度部门工作质量的高低会间接反映铁路运输工作的好坏。积极有效地做好调度工作，对提高整个铁路部门客货服务质量意义重大。

（四）保证国家重点运输

铁路作为国家重要的基础设施，对地方经济发展，稳定国家经济形势作用突出，因此保证国家重点物资运输，支持地方企业发展，铁路责无旁贷，例如粮食、煤炭、化肥、

石油，军事人员和物资运输，等等。重点运输工作包含重点物资运输和重点运输任务两大类，重点运输任务特指专特运列车的开行。

二、调度机构和工作制度

（一）调度组织机构

2013年3月，中华人民共和国铁道部实行政企分开，将原铁道部拟定铁路发展规划和政策的行政职责划入交通运输部；组建国家铁路局，由交通运输部管理，承担原铁道部的其他行政职责；组建中国铁路总公司（2019年改为"中国国家铁路集团有限公司"，以下简称国铁集团），承担原铁道部的企业职责，铁路自此走向市场化的道路。

国铁集团、铁路局集团公司、技术站调度分别代表国铁集团经理、铁路局集团公司经理、车站站长，分别负责全国铁路、铁路局和车站的日常运输组织指挥工作。在铁路日常行车安全管理工作上，总公司依法对铁路局调度的指挥安全实施监督管理，铁路局对本局调度指挥安全工作全面负责，车站对本站调度指挥安全工作全面负责。

国铁集团运输部，负责组织各铁路局完成运输计划，实现列车编组计划和列车运行图，及时处理各铁路局之间的客、货运输问题。负责全路日常运输工作完成情况的分析。

铁路局调度所，负责实现列车编组计划和列车运行图，直接掌管列车运行，组织按图行车，按列车编组计划编车，及时处理日常运输工作中发生的问题。负责收取各站日常运输统计报告及日常运输工作完成情况的分析。

铁路局调度所应设综合、安全、技术教育、生产分析、统计室，行车、计划、货运、客运、特运、施工、机车、车辆、供电、工务、电务调度室。全路主要调度工种统一实行四班制，每班工作统一由值班主任负责，但在专业管理方面，受专业调度室管理，专业调度室业务上受上级部门管理。例如，机车调度员在当班过程中受所在班组值班主任统一指挥，但业务上受机车调度室主任管理，机车调度室日常管理由调度所负责，但业务管理上接受铁路局机务处指导。

2013年5月，铁路总公司决定全路开展货运组织改革工作，铁路局成立货运营销中心，设置客户服务代表，取消货运计划审批环节，积极推行以"实货制"为内容的网上受理和订单服务，部分铁路局甚至将货运调度纳入货运营销机构，中铁集装箱公司和中铁快运行包调度业务也一并交到了铁路局调度所管理，铁路踏上了全面走向市场的道路。货运组织改革必然对铁路运输和调度指挥工作产生深远影响，传统的运输计划体系、调度指挥模式必将发生重大变化。

技术站调度室，负责全站日常运输组织指挥工作，组织车站有关部门协调配合进行各项作业，保证不间断接车和按编组计划及列车运行图的要求及时编、发列车，完成日

（班）计划规定的卸车、排车和装车任务。

有关行车人员必须执行列车调度员命令，服从调度指挥。坚持下级调度服从上级调度，上级调度指示的任务必须无条件完成，这在运输组织过程中是一条刚性原则。总公司值班处长、铁路局值班主任、车站值班站长分别领导一班工作，各工种调度及有关人员分别由值班处长、值班主任统一指挥。

（二）基本工作制度

1.电话会议制度

电话会议主要是国铁集团向铁路局，铁路局向站段检查工作落实和布置工作重点的会议，一般由主管运输副局长、总调度长、调度所主任或主管生产副主任参加。

2.调度所管理制度

调度所管理制度是规范调度管理工作的基础，包括调度基础、安全、生产、施工、教育、统计分析等基本制度，并将这些制度纳入《调度所管理工作细则》，使调度人员日常组织指挥有法可依、有章可循，调度所日常工作须按照管理制度抓好落实。

3.工作报告制度

为保证各级调度之间的持续联系，加强与有关安全监察、专业部门之间的信息沟通，准确地掌握工作进度和不失时机地处理问题，必须建立工作报告和联系制度。纵向包括由车站向铁路局调度、铁路局调度向国铁集团调度报告等。横向的包括调度部门接到铁路交通事故、行车设备故障等安全情况的报告后，应按规定填写《铁路交通事故（设备故障）概况表》，及时通知相关部门和安全监察部门，并建立相互签认和定期核对制度。

4.交接班会和班中会制度

（1）接班会。由于铁路运输生产的连续性，决定了调度指挥工作须不间断进行，不能因调度人员的交接班而中断指挥，造成运输生产的停顿。因此，要求接班调度人员必须提前到岗详细了解情况，以保证交接班的顺利进行。接班会由接班值班主任主持，各工种调度人员参加，由值班主任传达上级命令指示、安全通报、注意事项，介绍上一班安全、任务完成情况，各工种调度人员根据各自了解的情况，提出存在的问题和难点，商定解决的办法。调度所主任（副主任）提出重点要求。

（2）班中会，俗称"碰头会"。每班于11：00（23：00）召开，由值班主任主持，调度所主任和各主要工种可以暂时离台的调度员参加，如机调、货调、计划，根据工作进度和预计情况，提出安全、正点及完成各项任务指标等方面存在的问题，研究措施，分工

负责，突破关键，力争全面完成本班的工作任务。根据国铁集团下达的次日轮廓计划，提出次日（或下一班）计划的重点要求，使编制计划人员明确方向，目标一致，为编好次日（或下一班）计划打下基础。

（3）交班会。由各工种调度分别汇报本班工作情况，分析存在问题，总结工作经验。

5. 分界口会议制度

分界口是铁路局间划界的车站。为加强铁路局间沟通协调，保证分界站畅通。铁路局间分界站会议每年至少召开一次，由两个铁路局轮流主持，必要时由国铁集团组织，研究改进列车交接和日常行车组织等工作，达成一致后，制定、修改分界站协议并共同抓好落实。

6. 运输领导值班制度

为加强重点任务盯控，施工组织，恶劣天气下的行车组织，旅客列车大面积晚点、事故处理等工作，铁路局应建立运输领导干部值班制度，亲自参与重要事件的处置，努力减少对运输秩序的影响。《铁路运输调度规则》对值班人员、值班时间和工作要求都进行了明确，主要是由总调度长、运输处处长、调度所主。

7. 深入现场制度

为提高调度人员组织指挥水平，加强各级调度之间、调度与站段有关人员的工作联系，各级调度人员每季度深入现场应不少于一次，熟悉设备、人员情况，交换工作意见，改进工作作风，解决好日常运输安全生产中存在的问题。深入现场前要有计划，返回后要有报告。下现场调研能很好地解决新职调度人员对现场技术设备、作业特点、施工组织、人员不熟的问题，加强沟通交流，增进相互感情，共同研究解决运输难题，提高调度指挥水平。铁路局调度所应根据不同运输情况，针对性地安排下现场活动。

第二节　铁路运输的车流调整与调度轮廓计划

一、铁路运输的车流调整

（一）重车调整

重车在运用车中所占的比重很大（约60%～70%），是产生空车的来源，重车的流向

在很大程度上影响和决定了空车的流向，做好了重车流的调整，整个车流调整工作就有了保证；同时，重车调整是在运输货物的过程中进行的，因而经济、有效，不产生额外的运输支出。

1. 去向别装车调整

按去向别组织均衡装车是保持各铁路局车流稳定、管内工作车数量合理、装卸作业均衡和运输秩序正常的基础。各铁路局和车站必须严格掌握装车去向。

计划编制人员应熟悉管内各区段的列车通过能力、牵引定数和平均编成辆数，管内各货运站的装卸能力，上级下达的轮廓计划对各分界站移交车数量的规定，制订的装车计划应保证各区段通过能力和车站装卸能力得到较好的利用。

进行去向别装车调整时，要执行下列两条规定：

（1）运输工作不正常，需要减少或增加日装车计划时，应首先减少或增加自局管内的装车进行调整，如须减少、增加外局的装车时，须经国铁集团批准。

（2）如果重车不足或增多延续时间较长，自局调整又有一定困难时，应将情况及时报国铁集团，由国铁集团统一调整。

2. 车种别装车调整

按车种别的装车调整，即在装车时，尽可能按照卸车地区所需要的车种装车，组织车种代用。例如煤炭装车时，以敞车代替棚车、平车。按车种别的装车调整可以保证到达局和到达站装车需要的空车，消灭或减少不同车种的空车对流，也便于组织双重作业、减少有关车站的调车作业。

但每一车种都有一定的货物适用范围，组织车种代用必须在保证车辆完好、货物安全的前提下才能实行。

3. 限制装车、停止装车和变更车流输送径路

为消除局部重车积压，可采取限制装车、停止装车和变更车流输送径路。

（1）限制装车或停止装车。规定在一段时间内向某方向、某一到站或某一收货单位发送某些品类货物的装车限制在一定数量之内或停止装车，称为限、停装。遇下列四种情况时采用：

第一，某一去向的运用车保有量过大，超过了区段通过能力或编组站作业能力。

第二，发往某一卸车站的作业车保有量过大，超过了卸车站的卸车能力。

第三，由于自然灾害、事故，线路封闭中断行车时。

第四，因其他原因发生车辆积压或堵塞时。

（2）变更车流输送径路。由于自然灾害、事故堵塞或中断行车或重车严重积压时，

经国铁集团批准，依据调度命令，可变更跨局的车流输送径路，即采用迂回径路。

变更车流输送径路，应选择能力有富余的次段径路，并指定变更的期限、列数、辆数和列车编组计划。

采用迂回运输可能增加运输支出，影响其他线路的正常作业，因而需要权衡利弊。应事先对预计中断的时间与迂回运送需要的时间进行比较，确认采取迂回运输有利或特殊紧急需要时方可采用。此外，还应检查迂回径路的通过能力、机车配置是否适应，对可能产生的问题提出切实可行的解决办法，并对每日迂回的车数或列数及列车编组计划做出规定，以调度命令公布实行。

凡经上级调度命令批准，采取限装、停装或变更车流输送径路时，铁路局、车站均不准在限装或停装期间承认通过及到达限装、停装区段（或车站）的途中换票和变更到站。

4. 集中装车

集中装车就是使向某一去向的装车较大地超过月度运输计划规定的装车数，以增加该去向的待卸重车保有量。

在下列四种情况发生时采用：

（1）某铁路局的管内重车严重不足时。

（2）方向移交重车严重不足时。

（3）重点用户、港口、国境站急需到达物资或外运物资严重积压时。

（4）急需防洪、抢险、救灾物资时。

集中装车仅在所经过区段通过能力和到站卸车能力允许的条件下方准采用。

（二）空车调整

办理货运业务的车站可用卸后空车装车。由于卸后空车的车种别数量与装车需要不可能完全一致，车站应把多余空车向空车不足的车站派送。重新分布空车，使各站空车数量与其装车需要相一致或满足特殊需要而采取的空车资源调配措施称为空车调整。

空车调整是重车调整的补充，用以合理地运用空车，保证装车需要的调整措施。由于空车走行不生产运输产品，因而在空车调整中必须做到缩短空车行程、组织车种代用、消除同车种对流。

各铁路局、车站必须从全局出发，严格遵守排空纪律，按照上级调度批准的车种、辆数均衡地完成排空任务。

1. 正常调整

国铁集团根据各局次日的装卸任务和实际空车保有量，在运输调度轮廓计划中向铁路局下达次日局间分界站空车交接任务。铁路局应采取各种措施保证完成国铁集团规定的空

车调配任务。

正常调整是日常生产中为保证装车所进行的空车调整：各铁路局根据车种别装车、卸车的差数和各分界站接入和派出的车种别空车数，确定管内各车种空车的流向和数量。

铁路局应严格按照列车编组计划和列车运行图规定的空车直达列数向分界站派出空车，以保证外局的重直达列车装车。

2. 综合调整

当货流、车流发生变化或重车流增加时，在不影响接空局重点物资装车需要的前提下，经中国铁路总公司批准，依据下达的日计划命令，可对重、空车总数进行综合调整，即当本局向某一铁路局交出的某种重车流增加时，可以减少向该局派出该种空车的数量，而由接空局利用卸后空车补充装车需要。重、空车数一经国铁集团批准，各铁路局不得再增加重车代替空车数量。这种调整方法是在调度工作日班计划中确定的，必须经上级调度部门批准才能执行。

3. 紧急调整

紧急调整是根据特殊紧急运输情况的需要（如军事调动、抗洪抢险物资的运输）所采取的调整空车的非常措施，以调度命令或日（班）计划中重点事项的形式下达。各铁路局接到紧急空车调整命令后，必须严格按照规定的车种、车数在规定的地点集结好空车，准时向指定地点发出。即使因此影响了本局的装车，也必须优先保证完成紧急空车调整任务。

（三）备用车调整

备用货车是为了保证完成临时紧急运输任务的需要所储备的技术状态良好的空货车。备用货车（以下简称备用车）分为特殊备用车、军用备用车、专用货车备用车和港口、国境站备用车。

特殊备用车是指因运输市场发生结构变化，为调剂车种、满足运输需要，对中国铁路总公司以备用命令指定的大于本局月计划部分的某种特殊备用车。

特殊备用车、军用备用车、专用货车备用车的备用、解除，必须经中国铁路总公司备用车命令批准。港口、国境站备用车的备用、解除，有关铁路局根据国铁集团每季批准的计划，按照指定的车站、车种、数量，以铁路局备用车命令批准。非标准轨的货车备用、解除由所在铁路局负责处理。

（四）专用货车和外国货车的调整

1.专用货车的调整

（1）专用货车的调整方法，除按一般货车调整规定办理外，空车应按国铁集团指定的方向、到站回送，有配属站的除国铁集团另有指定外，均应向配属站回送。

（2）专用货车的回送，要按规定填写回送单据。

（3）为使冷藏车、罐车经常保持设备完整，性能良好，各铁路局原则上不得以冷藏车代用其他货车，各种罐车应分类使用。

（4）冷藏车、罐车必须代用时，须经国铁集团特运调度命令批准。

（5）凡以货车代用客车时，须经国铁集团调度命令批准。

2.外国货车的调整

（1）外国货车保留或在国境站积压时，要采取优先放行和换装措施，对暂时没有确定到站的进口货物，经国铁集团准许，可换装在我国货车内待发或及时组织卸车。

（2）凡外国空货车（包括利用装该国货物的车辆），应经由最短径路向所属国回送。经国铁集团调度命令批准，可在国内顺路装车使用。

二、铁路运输的调度轮廓计划

（一）铁路局轮廓计划的编制依据

铁路局轮廓计划由调度科长编制，并经运输处长批准于10:00前下达。铁路局轮廓计划应符合中国铁路总公司轮廓计划的要求，依据有关人员提供的下列资料编制。

第一，车流调度员预计次日局间分界口接运车流情况，上级调度对车流调整的指示，远期车流趋势和调整意见。

第二，货运工作科长提供货源变化、当前重点物资待运以及主要站卸车能力情况。

第三，机务科长提供自外段机车和运用机车分布情况，各段可供使用的机车台数。

为了确定局轮廓计划，调度所应依据以下资料，推算当日18:00各种运用车数及次日接入的重空车流：①昨日18:00各类运用车保有量；②中国铁路总公司下达的轮廓计划；③今日6:00修正计划；④次日各站请求车计划（军运应有军运任务通知书，超限货物应提出批准装运电报）和物资部门的要求；⑤次日各分界站接入车种别空车数；⑥向邻局收取次日分界口预计接入车流资料；⑦次日各分界站接入列车预确报。

（二）铁路局轮廓计划的编制过程

1. 推算车流

（1）今日18:00现车。推算今日18:00管内各种运用车保有量，是为了掌握计划日开始时的运输状态，以确定车流调整措施，并且依据运用车保有量与工作量之间的关系用来确定计划日运输任务。所以在编制轮廓计划时首先要推算今日18:00现车。

第一，管内工作车。今日卸车有三个车流来源：昨日18:00结存的管内工作车、今日（昨日18:00至今日18:00）各局间分界站接入的管内工作车和今日管内各站自装的管内工作车。今日卸车资源减去今日全天的卸空车数就得到今日18:00结存的管内工作车数。

第二，移交重车。今日向各分界站移交的重车也有三个车流来源，即昨日18:00管内结存的移交重车、今日自装的移交重车和今日各局间分界站接入的移交重车。今日18:00管内结存的移交重车数为今日移交车资源减去今日交出的重车数。为了确定次日每一个分界站的移交重车任务，18:00移交重车应按分界站分别推算。

第三，空车。今日空车来源为昨日18:00结存、今日接入、今日自卸和今日解除备用的空车，去向为今日由分界站交出、今日装车使用和今日按调度命令列入备用的空车。

第四，运用车保有量。全局今日18:00总运用车保有量为以上三部分运用车保有量之和。推算今日18:00现车的基本数据来自昨日18:00统计和铁路局早6:00修正计划。

（2）预计次日接入重、空车数量。编制次日轮廓计划，不仅需要掌握今日18:00现车情况，而且需要掌握次日各分界站接入重、空车流的预测资料，才能据以确定次日装车调整措施。次日各局间分界站接入重车流由邻局依据预测数据提供，局管内地区间分界站交换的车流由车流调度员依据局间分界口接入、今日18:00结存移交车数和技术计划规定的自局移交车装车数，及移交车周转时间，确定次日地区间移交车预测资料。

2. 确定次日车流调整措施

制订轮廓计划的目的在于指导日（班）计划的编制，保持局管内正常的运用车分布。通过调整向各方向装车的数量以及车辆的解备和列备，保证完成装车和向各分界站的交车任务，并使管内的运用车数量与车站运输设备和线路通过能力相适应。

在制订路局轮廓计划时，要根据推算出的今日18:00各种运用车保有量及预计次日车流到达情况、上级关于车流调整的指示，确定次日车流调整措施，作为制订次日装车计划和排空计划的依据。

在次日出发车流的三项来源中，今日18:00管内现车和次日分界口接入车流是客观现实，其数量及分布情况不取决于本局次日的运输组织工作。因此，车流调整工作主要是对

自装重车流的调整。

（1）装车调整的目标。

第一，完成分界站次日空车交车任务，按国铁集团要求的车种、数量和输送方式向分界站派出空车。

第二，完成分界站次日移交重车任务，保证分界站衔接各线的正常流量。

第三，完成次日装车任务。

第四，在具体确定次日装、卸车和分界站货车交接任务之前，先要在对次日运用车分布进行分析的基础上，确定次日应采取的装车调整措施。

（2）确定车流调整措施的方法。

第一，分析次日运用车分布情况。确定次日装车调整措施，要分析局管内的运用车保有量是否正常，即与技术计划的规定相比是否有较大出入。装车调整就是要通过调整自装车流，使运用车的分布趋于正常。

第二，装车调整措施。根据已有不足进行合理调整。

3. 确定次日各地区卸车轮廓任务

在任一时刻，铁路局管内总是分布着处于不同作业状态的管内工作车：或在装车站待发或正在运行途中，或在技术站中转，或在卸车站待送、待卸，或正在卸车。老的管内工作车卸空了，新的管内工作车又由分界站接入或自管内各站装出。这是车站能够持续、均衡地完成卸车任务的基本条件。

管内工作车在局管内有一定的存续时间，这就是管内工作车的周转时间。依据技术计划的原理，管内工作车的周转时间与保有量和完成的卸空车数保持着一定的比例关系。在车流比较稳定的情况下，一般可以得到接近次日实际情况的计算结果。

目前各铁路局在制订卸车轮廓计划时均采用这一方法。但今日18:00管内工作车保有量的变化并不一定总是与次日接入和自装车流的变化趋势一致，实际完成的货车周转时间也可能偏离技术计划。特别是自装车流，路局在制订次日装车计划时，会采取调整措施，使运用车分布趋于合理。

为了更为精确地推算次日卸车轮廓计划，也可利用卸空率计算法，即按次日三类卸车资源（18:00结存、次日接入和自装的管内工作车）的卸空率计算。

由于三类管内工作车次日可供在管内输送和进行货物作业的时间长度不同，其卸空率也不同。今日18:00已在局管内车站待卸的作业车得到的作业时间最长，通常在次日内均能卸空；今日18:00在管内各站待发和次日接入的管内工作车次之；次日自装的管内工作车，卸空的概率最低。

卸空率的数值可以参照路局日班计划的货运工作计划在管内工作车去向表上推定的数

值确定。在铁路货车追踪系统全面投入使用以后，将可以由计算机系统进行卸空率的自动统计和预测，为运输调度轮廓计划的编制提供可靠的依据。

4. 确定次日装车轮廓任务

管内各地区次日的排空和装车任务根据货主及车站提报的次日请求车计划、次日管内空车来源、国铁集团下达的局间分界站交通任务和各局装车调整任务确定。请求车计划表达了运输需求，而次日空车资源、国铁集团规定的装车调整和分界站空车调整任务则反映装车的可能性。

铁路局应完成国铁集团下达的分界口排空任务。如确有困难，在接受部轮廓计划时，应提出本局面临的具体问题并提出自己的调整意见。在接受任务以后，就应采取必要措施，保证实现。

确定次日排空和装车轮廓计划的基本原则是完成排空和装车计划、保证计划日结束时管内正常的空车保有量。

为了顺利完成排空和装车，铁路局每日18:00的实际空车数都应接近技术计划规定的空车保有量。将计算出的次日18:00空车保有量与技术计划规定的标准做比较，如果空车保有量过大，应将多余空车以调度命令列入备用；反之，则应解除部分备用车的备用。通过备用车调整，还是不能满足装车需要时，才需要调整装车计划。

当次日接入和自卸空车与技术计划接近时，也可将今日18:00车种别空车保有量作为次日平均保有量，与次日需要空车保有量相比较，确定备用车、排空和装车调整措施。

第三节 铁路运输调度指挥高质量发展优化

一、铁路运输调度高质量发展实践创新

（一）实践成效

1. 强化运输调度安全基础

（1）深入排查铁路运输调度安全风险和隐患，把调度命令发布、列车运行组织、调度员人工办理作业操作、机车车辆修程修制改革、应急处置指挥、施工组织等安全关键点列为年度重点整治项目，加强铁路运输调度安全风险分级管控和安全隐患排查治理，调度命令错误率从0.5%降至0.1%。

（2）加强调度应急指挥建设，着力提升各种运输场景应急处置能力。

2.提升铁路运输保障能力

（1）系统梳理铁路运输调度有关的技术规章制度，规范优化调度所内设机构和工作职责，有力推动调度治理体系和治理能力现代化建设。

（2）以运输计划协同编制为牵引，理顺作业流程，促进专业融合，进一步提升治理效能。积极推进"全路车流信息管理系统"和"集装箱运输全程追踪系统"降本增效信息化项目，提高铁路运输调度精细化指挥水平。

（3）在全路列车工作计划中，阶段计划平均兑现率达到81.1%，日（班）计划兑现率达到90.6%以上，分界口日均交接辆数达到23.17万辆。

（4）全路货车周转时间、货车旅行速度、机车日车公里等效率指标大幅提升，相当于每日挖潜近8100辆货车的装车能力和224台机车的运用能力，为增运增收提供了坚实的运力保障。

（二）经验启示

1.加强铁路调度系统基础建设

（1）规范管理。各铁路局集团公司充分落实规范管理要求，对调度所内部生产和管理制度进行修订完善，对内设科室和业务职责进行了优化调整。在运输生产计划一体化编制实施带动下，各调度工种分工合作、专业互补，工作合力不断增强，决策指挥水平进一步提升。

（2）整章建制。制定调度所管理、货车日常调度管理、施工办专业管理、18:00统计、机辆调度管理、跨局临客开行跨局图定客车调整、调度安全关键项点、工电调度命令管理、调度工作考核评价、高速铁路列车调度员日常作业规范、供电调度标准化作业等专项管理办法。这些铁路调度系统的专业管理办法，构成调度系统专业管理的制度框架。

（3）安全调研。充分发挥安全检查调研作用，先后开展调度系统安全检查调研，重点聚焦调度命令、施工管理、应急指挥、日班计划编制及供电调度标准化作业等内容，排查各类问题，制定整改措施，有力夯实安全管理基础。

2.强化调度指挥辅助决策信息技术支撑

（1）围绕推动运输生产信息共享、运输生产计划一体化协同编制和调整、提升调度对运输生产的把控能力和调度指挥决策能力，全力做好"全路车流信息管理系统"和"集装箱运输全程追踪系统"的降本增效信息化项目推进工作。

其中，"全路车流信息管理系统"为实现局站、局段计划一体化编制、局间信息实时

共享，提高计划编制质量，提升设备能力利用效率打下良好基础。"集装箱运输全程追踪系统"为加速集装箱周转、提高集装箱运用效率和服务质量，特别是增强铁路集装箱运输市场竞争力、实现增运上量提供了技术保障。

（2）结合智能京张的建设需求，组织开发京张高速铁路智能综合调度系统；实现客运生产全过程管理、计划一体化编制与调整、调度命令自动拟写和格式化下达，提升调度在客运生产组织过程中的组织指挥能力。

（3）积极推进中国铁路调度应急指挥系统研发建设，截至2020年底，在中国国家铁路集团有限公司（简称"国铁集团"）本级和18个铁路局集团公司进行试用，实现对日常列车运行状态的监控和应急处置全过程的闭环管理。

二、铁路运输调度指挥高质量发展优化策略

（一）构建科学完善的调度安全管理体系

1. 加强调度所安全生产标准化建设

（1）及时修订完善制度办法，落实调度系统管理制度体系建设及上位规章制度要求，完善信息处置、问题预警、红线管理、安全例会、安全分析等各项安全管理制度，加强安全考核和责任追究。日常加大对调度员执行规章制度和作业标准的检查力度，促使调度员养成尊崇规章、按标作业的好习惯。

（2）进一步理顺调度所内部管理关系，按照规范调度所管理要求，推进调度所内部机构的调整，协调做好物流调度和综控台人员及业务移交。

（3）深入开展学标贯标活动，突出抓好供电调度岗位作业标准化检查，按照《铁路供电调度标准化作业办法》要求，加大停送电倒闸作业标准化规范化建设力度，确保供电作业安全，推广物防、技防技术及设备，促进调度所安全生产整体水平的提高。

2. 深化调度安全双重预防机制建设

（1）充分发挥安全例会的作用，结合季节性安全特点和设备设施情况，加强对安全风险的研判管控和安全隐患的排查整治，进一步完善安全风险库和安全隐患库，抓好后续整治。

（2）巩固安全检查调研好的做法，结合2020年检查发现问题的整改落实情况以及阶段性任务要求，适时开展调度系统安全检查调研，进一步强化安全闭环管理，提升管理水平。

（3）完善普速铁路CTC区段列车调度员人工操作作业规范，严格落实执行，杜绝盲目确认、擅自取消等安全问题发生。

（4）常态化开展调度安全惯性问题整治，重点整治高速铁路调度员日常作业规范和供电调度标准化作业存在的安全隐患，加强对路用列车、限制运行条件的列车、入厂和跨局回送的机车车辆等运行径路、运行速度、运行条件的审核把关，确保接发列车和行车安全。

（5）严格安全信息管理和信息通报，以零容忍的态度，严肃处理安全信息迟报、瞒报、漏报、谎报行为。

3. 提升调度应急处置指挥水平

（1）完善应急预案。结合新线开通、新技术装备的应用，针对性完善应急预案，积极推动多工种联合应急演练培训，做好突发事件应急处置分析。

（2）完善调度应急指挥系统功能，进一步研发故障影响范围辅助识别、应急调整方案辅助等功能应用，做好全路推广应用准备。

（3）完善调度信息系统网络安全管控及应急处置制度，严格落实国铁集团、铁路局集团有关信息系统网络安全要求和管理责任，确保调度信息系统稳定。

（4）发挥各专业调度融合优势，推动信息共享，配备完善线路综合图、配线图、供电分段示意图等基础技术资料，为应急处置指挥提供准确依据。充分体现机辆调度3级指挥体系作用，及时维护机辆应急装备信息，建立机辆系统应急资源快速调动机制，提供应急处置专业数据支撑和技术支持，减少过度处置对运输的影响。

4. 强化调度物防技防安全保障

（1）开展CTC问题专项整治，梳理CTC/TDCS系统日常应用中存在的问题及需要完善的功能，会同设备管理部门、厂家消除设备隐患。

（2）通过技防手段提升调度命令安全卡控能力，推进施工日计划数据化格式化、施工调度命令自动生成等功能，减少调度命令错误率，降低调度员劳动强度。

（3）加快运行图编制系统、TDMS系统、CTC/TDCS系统之间数据交互的研究，减少数据格式转换及人工核对数据的工作量，确保调整运行图数据准确，降低调整运行图的安全风险，更好地适应"一季一图""一日一图"。

（4）着力解决TDMS5.0机调子系统存在的丢线、丢机车，与计划调度、机务段运安系统数据交换不畅的问题，全面上线机车乘务员超劳预警功能，实现技防保安全。

（5）深度挖掘调度安全大数据，加强作业安全监控分析，研究有关CTC作业高危检索与同步语音、视频分析系统，强化调度作业监控管理。

（6）积极推进"供电调度智能化运行管理系统"的现场应用，尽快实现接触网停送电安全风险的全过程控制，有效卡控停送电作业安全。

（7）切实推动CTC、电力数据采集与监视控制系统（SCADA）仿真模拟实训平台建设，尽快满足调度员多种故障场景模拟设置与处置、自动考核评价的实训需求。

5.加强施工安全专业化管理

（1）推进施工延点和计划外施工整治的常态化。施工办要组织相关部门认真分析施工延点和临时施工存在的根源，从科学合理安排天窗、强化施工方案前期审核等方面来降低安全风险，进一步强化督促分析考核，确保整治常态化推进。

（2）严格施工计划变更和临时施工管理。把施工计划变更和临时施工管理作为施工源头安全隐患卡控的关键。

（3）规范施工方案和计划编制。落实逐级审核、审批把关责任，统筹考虑各专业的技术标准、技术要求、安全措施等，做到施工安全关口前移。对大型施工，施工办要提前介入，指导施工单位统筹考虑施工过渡和运输调整方案，从源头上减少施工对运输的影响。严控擅自施工或擅自扩大施工内容和范围，严格落实分析考核与问责机制，确保计划审批依法合规、管理有序。

（二）完善机制保障的调度指挥体系

"铁路运输效率的提升需要其背后的调度指挥工作作为保障。"[1]贯彻落实国铁集团工作会议部署，进一步完善中国铁路3级调度指挥体系，强化调度专业管理，提升系统治理效能，以更加有力有效的举措维护路网秩序，保障路网畅通，提升运输效率，充分释放管理红利。

1.强化铁路调度指挥体系功能

各铁路局集团公司调度所要加强运输站段调度车间特别是主要技术站调度业务工作的指导，以运输生产计划协同编制实施为牵引，深化局站一体化指挥模式，完善激励约束考核机制，进一步密切工作联系，提升指挥效能，打通调度指挥"神经末梢"。运输站段要加强调度车间基础管理，提高站段调度业务素质，强化行车单一指挥、调度集中统一指挥，严肃运输纪律，严格执行调度命令，做到令行禁止，不打折扣。

组织研究制定运输站段调度业务管理制度，不断完善3级调度质量评价考核机制，更好发挥3级调度指挥作用。

2.提升"一日一图"组织效能

深化客运提质计划和复兴号品牌战略，严格落实普速铁路能力紧张区段"一日一图"措施，精准实施运力调整，满足旅客出行需求。加强客车特别是复兴号动车组正点组织和

---

① 陆盈卫.提升铁路运输调度指挥能力的探讨［J］.现代经济信息，2021（17）：63.

晚点分析，重点盯控施工前最后一趟客车和惯性晚点客车，采取优化会让计划、联合铺点组织等方式，将客车正点率稳定在较高水平，不断提升客运供给质量。

3.落实重点任务保障

坚持国家铁路战略定位：

（1）严格专运任务落实执行，加强专运列车运行盯控，确保专运任务圆满完成、万无一失。

（2）主动适应军事运输新形势新要求，加强与军交部门联系，提前谋划，精心组织，加强车辆调配，优化调度指挥，增强铁路运输投送保障能力，确保各项重点任务圆满完成。

（3）加强防疫、抢险救灾、电煤、粮食等重点物资运输保障，满足人民群众生产生活需求。

（4）巩固脱贫攻坚成果，持续开好公益性"慢火车"，加大贫困地区货运保障力度，落实国家支农惠农政策。

（5）服务保障川藏铁路（成都西—拉萨）建设，优先保障工程建设物资运输需求。

4.优化调度差异化考核

按照服务增量、突出重点、灵活调整的思路，结合重点工作任务要求，不断完善运输组织差异化考核项目。

（1）研究将重点区段机务段机车、机班供应质量纳入差异化考核项目，建立以阶段开车计划兑现率为基础的考核机制。

（2）加强日班计划编制质量的考核，结合车流计划管理系统推进，细化对列车工作计划车次和编组内容的要求，推动《调规》有关日班计划编制规定落细落实，提高计划编制质量。

（3）压力下沉。各铁路局集团公司调度所、纳入差异化考核的编组站，要结合阶段性任务目标，研究制定各工种、岗位绩效考核细化措施，将责任和压力传递到班组、人员，充分激发运输一线岗位工作人员积极性。

（三）推进科技创新的运输调度信息化建设

1.推进运输调度管理系统标准化建设

结合铁路智能化、智慧化技术发展趋势，着力推动建立中国铁路运输调度智能化技术体系。各铁路局集团公司调度所按照运输调度智能发展规划、铁路网络安全和信息化总体规划要求，充分发挥新成立的信息技术室作用，增强信息化建设和日常运用管理意识，强

化信息化力量，切实担负起本局调度信息化创新、建设和日常运用管理工作责任，推动构建良性的系统建设和运维机制，积极依托信息系统优化作业流程、规范操作，充分发挥信息系统服务生产、保安全、促效益的作用。

（1）建立完善调度基础数据维护机制，加强日常运输生产基础数据审核把关，提高数据同步质量。

（2）遵照全路运输调度管理系统建设统一技术标准，统筹实施系统建设和功能研发，推动全路运输调度管理系统统一数据平台建设。

（3）落实完善3级调度指挥体系要求，加强站段级调度生产指挥信息功能应用研发，提升局站一体化组织效率。

2. 推进 TDCS 功能升级

近年来，铁路运量连续高位增长的态势，对运输调度精细化、高效化指挥提出了更高要求，积极推动 TDCS 国铁集团级升级项目立项，各铁路局集团公司调度部门也要积极协调相关业务部门，按照国铁集团发布的 TTDCS、CTC 系统 3.0 标准，推进系统功能达标升级工作。

通过实现列车运行全程全网管理、施工按线全网管理，以及自然灾害、设备设施故障及施工等对能力影响的综合分析，提升全路统一指挥、整体应急处置能力。

3. 用好"全路车流信息管理系统"和"集装箱运输全程追踪系统"降本增效类信息化项目。

"全路车流信息管理系统"和"集装箱运输全程追踪系统"两个项目的推广实施，将加快调度日（班）计划编制相关信息的共享融合，实现局站、局段作业计划和作业实际的实时掌握，以及货物列车日（班）计划、货运日计划、主要编组站作业计划、机车机班计划等一体化协同编制、局间车流信息的实时交互共享，实现车、箱、列全过程实时动态追踪，极大提升调度对运输生产全过程的把控，从而进一步提升运输生产计划质量和运输效率，为增运上量提供有力保障。

结合运输计划一体化协同编制要求，加强国铁集团本级的车流计划管理应用功能研发，实现以分界口交接计划为主要内容的日班计划从结果查询向过程参与转变，切实推动国铁集团本级以及各铁路局集团公司调度计划工作质量提升。

4. 着力提升调度指挥关键能力

依托运输调度管理系统，管好用好海量运输生产大数据，持续研发完善功能应用，通过技术手段提高安全风险、运输趋势的分析研判，强化调度指挥技术支撑。

（1）加强各工种调度间的配合和信息共享，提升日（班）计划辅助编制自动化能力。

（2）增强调度命令生成、审批、发布、接收及运行图数据填报自动化程度，减少调度劳动强度和人为干预，提升系统安全自动卡控能力。

（3）整合工电调度、机辆调度、18:00统计等调度相关应用系统功能，提升专业协同一体化管理能力。推进工电供调度安全生产系统研发，提升工电供调度内部间、工电供调度与其他调度工种间数据共享和数据集成水平，实现工务、电务、供电应用功能的进一步优化提升整合，构建新的工电调度安全生产系统。

（4）加强铁路到重超卸车能力智能分级预警及优化、硌伤区段排查等功能开发，提升辅助决策支持能力。

参考文献

[1] 张安迪，王琦玮，许国雄.中国铁路发展[J].才智，2013（5）：308-308.

[2] 蔡明岐.新时期铁路运输信息化问题研究[J].科技展望，2015（5）：7-7.

[3] 段兵.铁路运输信息化的管理研究[J].中国电子商务，2014（10）：45.

[4] 夏逢两.铁路电力系统的安全运行研究[J].中国科技投资，2017（26）：128.

[5] 侯哲.铁路运输调度安全管理探讨[J].百科论坛电子杂志，2020（13）：1864.

[6] 吴磊.铁路运输调度安全管理探讨[J].科技创新与应用，2017（3）：281.

[7] 马慧林.铁路运输调度信息管理探讨[J].中国科技纵横，2014（11）：38-38.

[8] 陆盈卫.提升铁路运输调度指挥能力的探讨[J].现代经济信息，2021（17）：62-63.

[9] 张俊峰.铁路运输提高行车组织质量的具体措施探究[J].成功营销，2021（10）：154-155.

[10] 王迪.行车组织对铁路运输的重要性探讨[J].高铁速递，2021（10）：26-27.

[11] 张朋.浅谈铁路运输安全[J].城市建设理论研究（电子版），2014（36）：4826-4826.

[12] 吴晓虎.铁路运输安全[J].城市建设理论研究（电子版），2014（26）：3622-3622.

[13] 黄金来.铁路运输安全问题探究[J].中国信息化，2013（10）：255-255.

[14] 杨兴坤，陈鑫磊.铁路交通事故防治与建议[J].交通企业管理，2013，28（12）：63-65.

[15] 陶伟.铁路交通事故中的人因分析[J].中国科技信息，2014（13）：182-183.

[16] 霍丽伟，孙劲峰.工程合同谈判技巧[J].合作经济与科技，2010（15）：44-45.

[17] 陈志峰.浅析工程合同谈判的策略[J].管理与财富，2009（5）：135，121.

[18] 田飞.合同谈判的基本方法与技巧[J].中外企业家，2016（32）：21.

[19] 勾美峰.提高铁路工程项目物资采购管理的几点建议[J].经营者，2016（6）：152.

[20] 李晓亮.试论铁路工程项目物资采购管理的有效措施[J].现代商业，2011（32）：104-104.

[21] 林必强.铁路工程EPC项目投资管理问题分析与对策研究[J].铁道建筑技术，2022(4)：174-177.

[22] 刘旭涛.铁路项目建设中工程物资管理的相关问题探讨[J].房地产导刊，2015（23）：367-367.

[23] 唐世磊.铁路项目建设中工程物资精细化管理的相关问题探讨[J].企业改革与管理，

2017（9）：16.

[24] 田植.铁路工程项目后勤服务工作的精细化管理[J].建筑工程技术与设计,2021（9）：1801.

[25] 王志军.信息化技术在铁路工程建设项目管理中的应用研究[J].科技风,2019（31）：89,107.

[26] 熊少军.信息化技术在铁路工程建设项目管理中的应用研究[J].中国建材科技,2021,30（5）：125-126.

[27] 陈德鹏.信息化技术在铁路工程建设项目管理中的应用研究[J].环球市场,2020（5）：326.

[28] 叶晋.信息化技术在铁路工程建设项目管理中的应用研究[J].科学与财富,2020,12（31）：210.

[29] 尹越琳.BIM技术应用研究[J].江西建材,2017（3）：292,298.

[30] 刘辉.BIM技术应用展望[J].福建质量管理,2018（13）：103.

[31] 关达.对于铁路运输改革的思考[J].硅谷,2010（4）：190.

[32] 刘永庆.铁路运输的网络关联与运输链动[J].科技风,2010（3）：67.

[33] 王雪波,胡建平,陈立东.铁路运输与公路运输的优化衔接[J].科技信息（学术版）,2008（21）：28-29,31.

[34] 石森.大数据视角下的铁路运输运营与管理[J].运输经理世界,2022（17）：68-70.

[35] 李欣.铁路运输企业成本管理探析[J].管理观察,2019（16）：34-36.

[36] 陈鹏.铁路运输物流运作模式分析[J].城市建设理论研究（电子版）,2015（18）：8430-8430.

[37] 李银冰.关于铁路运输的安全管理探讨[J].黑龙江交通科技,2021,44（4）：174,176.